LINGUAGEM CORPORAL

Mentiras necessárias, linguagem corporal, grandes mentiras e mentiras que você queria ouvir

(Guia para analisar comportamentos da linguagem corporal)

Ryan Dias

Traduzido por Jason Thawne

Ryan Dias

Linguagem Corporal: Mentiras necessárias, linguagem corporal, grandes mentiras e mentiras que você queria ouvir (Guia para analisar comportamentos da linguagem corporal)

ISBN 978-1-989891-51-3

Termos e Condições

De modo nenhum é permitido reproduzir, duplicar ou até mesmo transmitir qualquer parte deste documento em meios eletrônicos ou impressos. A gravação desta publicação é estritamente proibida e qualquer armazenamento deste documento não é permitido, a menos que haja permissão por escrito do editor. Todos os direitos são reservados.

As informações fornecidas neste documento são declaradas verdadeiras e consistentes, na medida em que qualquer responsabilidade, em termos de desatenção ou de outra forma, por qualquer uso ou abuso de quaisquer políticas, processos ou instruções contidas, é de responsabilidade exclusiva e pessoal do leitor destinatário. Sob nenhuma circunstância qualquer, responsabilidade legal ou culpa será imposta ao editor por qualquer reparação, dano ou perda monetária devida às informações aqui contidas, direta ou indiretamente. Os respectivos autores são proprietários de todos os direitos autorais não detidos pelo editar.

Aviso Legal:

Este livro é protegido por direitos autorais. Ele é designado exclusivamente para uso pessoal. Você não pode alterar, distribuir, vender, usar, citar ou parafrasear qualquer parte ou o conteúdo deste ebook sem o consentimento do autor ou proprietário dos direitos autorais. Ações legais poderão ser tomadas caso isso seja violado.

Termos de Responsabilidade:

Observe também que as informações contidas neste documento são apenas para fins educacionais e de entretenimento. Todo esforço foi feito para fornecer informações completas precisas, atualizadas e confiáveis. Nenhuma garantia de qualquer tipo é expressa ou mesmo implícita. Os leitores reconhecem que o autor não está envolvido na prestação de aconselhamento jurídico, financeiro, médico ou profissional.

Ao ler este documento, o leitor concorda que sob nenhuma circunstância somos responsáveis por quaisquer perdas, diretas ou indiretas, que venham a ocorrer como resultado do uso de informações contidas neste documento, incluindo, mas não limitado a, erros, omissões, ou imprecisões.

Índice

Parte 1 1

Introdução 2

Capítulo 1: Detectando Mentiras Através De Expressões Faciais 7

Capítulo 2: Detectando Enganação Através Da Linguagem Corporal 15

Capítulo 3: Indicadores Verbais De Mentira 22

Capítulo 4: Dicas! E Mentiras Que Você Quer Ouvir 31

Capítulo 5: Alguns Exemplos Reais Da Linguagem Corporal Dos Mentirosos 36

Conclusão 62

Parte 2 63

Introdução 64

COMUNICAÇÃO É MUITO MAIS DO QUE SÓ PALAVRAS 64
O QUE MAIS ESTÁ ENVOLVIDO NA LINGUAGEM CORPORAL? 67
COMO APRENDER A LER A LINGUAGEM CORPORAL NOS AJUDA? 69

Capítulo 1: A História E A Experiência 71

PSICÓLOGOS DA PRIMEIRA HORA TOCANDO NO ASSUNTO: 75
ALGUMAS DEFINIÇÕES A PROPÓSITO DA LINGUAGEM CORPORAL: ... 77

Capítulo 2: Como Podemos Utilizar Este Conhecimento?.. 79

AQUI VÃO ALGUMAS PERGUNTAS SOBRE A LINGUAGEM CORPORAL PARA PONDERAR QUANDO SE BUSCA COMPREENDER O TÓPICO: 80
O QUE PODE SER ACORDADO COMO A LINGUAGEM CORPORAL: 81
AS PRIMEIRAS IMPRESSÕES SÃO REALMENTE AS QUE FICAM? 83
MAIS RAZÕES PARA TORNAR-SE CONSCIENTE DESTA LINGUAGEM: .. 84

Aqui Estão Algumas Áreas Específicas Para Começar A Pensar
E Se Concentrar: 85
Expressões Faciais E Corporais Em Experimentos: 85
Posturas Corporais: 86
Postura Irada Vs. Medrosa: 87
O Que As Posturas Sentadas Podem Indicar: 87
O Que As Posturas Em Pé Podem Indicar: 88
Postura Expansiva E Aberta: 88
Gestos Corporais: 88
Gestos Dos Braços: 89
Gestos Das Mãos: 89
Gestos Dos Dedos: 90
O Aperto De Mão Na Comunicação: 90
Diferenças Nos Significados Do Aperto De Mão De Cultura
Para Cultura: 91
Outros Movimentos Físicos Na Linguagem Corporal: 91
A Linguagem Corporal Versa Mais Do Que Apenas Sobre A
Forma Como Nos Movemos: 92
Como Seguramos Ou Nos Relacionamos Com Os Objetos: 94
Por Que Você Deve Prestar Atenção Aos Sinais Sonoros: 95
Como Os Olhos Contribuem Para A Compreensão E A
Avaliação Entre As Pessoas: 96
A Evolução Da Linguagem Corporal E Como Usá-La: 97
Ao Sentir Interações Ao Invés De Ouvir: 97
Mantendo O Sentimento Em Mente Enquanto Fala: 98
Assistindo Filmes Com O Volume Desligado: 98
Aprender Sobre Isso Nos Ajuda A Compreender E Desenvolver
O Autocontrole: 99

Capítulo 3: Evolução E Natureza 101

A Natureza Vs. A Educação Na Linguagem Corporal: 101
O Lado Mais Confuso Da Comunicação Não Verbal: 104
Mais Benefíciosdessa Função Evolutiva: 105
A Linguagem Corporal Na História Da Humanidade: 106
Diferenças Entre Homens E Mulheres Na Leitura Da Linguagem
Corporal: 108

Capítulo 4: Fatores Que Afetam A Interpretação

O CONTEXTO DA SITUAÇÃO ....
SE VOCÊ TEM PROVAS SUFICIENTES OU SÓ INDÍCIOS: 111
ETNIA E CULTURA: 112
GÊNERO E IDADE DESEMPENHAM UM PAPEL EM COMO A LINGUAGEM
CORPORAL É INTERPRETADA: 112
DECEPÇÃO OU PRETENSÃO: 113
SINAIS DE INSEGURANÇA, NERVOSISMO OU TÉDIO: 115
AO ANALISAR OS SINAIS DE ALGUÉM, PERGUNTE A SI MESMO: 116

Capítulo 5: Traduzindo Linguagem Corporal 117

COISAS A TER EM MENTE SOBRE A LEITURA DA LINGUAGEM
CORPORAL: 117
TRADUÇÃO PARA OS SINAIS NÃO VERBAIS: 118
OLHOS OLHANDO PARA A DIREITA: 120
OLHOS VOLTADOS PARA A ESQUERDA: 120
A CABEÇA NA COMUNICAÇÃO NÃO-VERBAL: 122
PARA CUMPRIMENTAR OU AFASTAR-SE DOS OUTROS: 125

Capítulo 6: Como A Meditação Ajuda Com A Linguagem Corporal 127

A MEDITAÇÃO IRÁ AJUDÁ-LO COM A LINGUAGEM CORPORAL: 127
TIPOS DIFERENTES DE MEDITAÇÃO E COMO FAZÊ-LAS: 128
A MEDITAÇÃO SENTADO: 128
A MEDITAÇÃO CAMINHANDO: 129
A MEDITAÇÃO POR CHAMAS DE VELA: 130

Conclusão 132

Parte 1

Introdução

Olá, eu quero agradecer e parabenizar você por baixar o livro *"Como Saber Quando Alguém Está Mentindo"*.

Este livro contém passos comprovados e estratégias para facilmente distinguir verdade, honestidade e fatos de mentiras, desonestidade e ficção. Descubra os segredos que as pessoas estão guardando. Eu sei como é ser machucado pelas mentiras de outra pessoa. É cruel e confuso e os efeitos da enganação são profundos. Eu já fiquei angustiado por coisas que me pareceram injustas muitas vezes. Enganação estava, e ainda está, ao nosso redor. Nós a vemos em romances, parcerias de negócios, vizinhos, família, na mídia, chefes, políticos, figuras religiosas e na sociedade em geral. Mas ver a desonestidade e não aprender a lidar com ela é um desserviço a nós mesmos. Eu decidi me impor e elucidar a honestidade. Através do tempo e dedicação eu aprendi a cortar a mentira pela raiz. Nesse livro, eu quero ensinar a você a detectar se alguém está mentindo. Os sinais podem estar evidentes ou escondidos, mas isso não importa, eles podem ser identificados. Identificá-los pode levar a superá-los e proteger a nós mesmos e àqueles que amamos de serem levados para um caminho de dor. Quer você se identifique com alguns, todos ou nenhum dos meus pensamentos, é honesto acreditar que esse livro pode ajuda-lo a desmascarar a verdade e a enganação nas pessoas.

Continue Lendo Para Desvendar a Verdade!

Obrigado mais uma vez por baixar este livro, espero que você goste!
Atenciosamente,

Copyright 2020 – Todos os Direitos Reservados.

Este documento é voltado para fornecer informação exata e confiável em relação aos tópicos e assuntos abordados. A publicação é vendida com a ideia de que a editora não é obrigada a prestar consultoria, oficialmente permitidas ou de qualquer outra forma, a serviços qualificados. Se conselhos, legais ou profissionais, forem necessários, um profissional experiente e atuante deverá ser requerido.
- Da Declaração de Princípios que foi aceita e aprovada igualmente pelo Comitê do American Bar Association e pelo Comitê de Editores e Associações.
De nenhuma forma é legal reproduzir, duplicar ou transmitir nenhuma parte deste documento por meios eletrônicos ou em formato impresso. Gravações desta publicação são estritamente proibidas e qualquer armazenamento deste documento não é permitido a não ser que

haja permissão escrita da editora. Todos os direitos reservados.

A informação fornecida aqui é tida como verdadeira e consistente, de forma que qualquer prejuízo, em termos de desatenção ou outro, por qualquer uso ou abuso de quaisquer políticas, processos ou direções contidas neste, é de responsabilidade única e total do leitor. Sob nenhuma circunstância nenhuma culpa ou responsabilidade legal serão invocados contra a editora por quaisquer reparações, danos ou perdas monetárias devido às informações aqui contidas, direta ou indiretamente.

Os respectivos autores possuem todos os direitos não detidos pela editora.

As informações aqui contidas são oferecidas para propósitos unicamente informacionais. A apresentação da informação é sem contrato ou qualquer tipo de garantia.

As *trademarks* usadas são sem consentimento, e a publicação das mesmas é sem permissão ou apoio de seus donos. Todas as *trademarks* e marcas neste livro são unicamente para fins de esclarecimento e pertencem aos seus donos, não afiliados com este documento.

Capítulo 1: Detectando Mentiras Através de Expressões Faciais

O renomado psicólogo Paul Ekman selecionou nove indicadores faciais como pistas confiáveis de enganação ou mentiras:

1. Micro expressões: Em seus estudos, Ekman foi capaz de notar expressões involuntárias que podem perpassar o rosto de uma pessoa por uma fração de segundo. Ekman chamou essas mini expressões faciais de "deslizes"; eles são o sentiment0 verdadeiro de uma pessoa.

P. Você pode trabalhar algumas horas extras hoje? Uma cliente importante acabou de ligar e pediu por trabalho adicional.

R. Absolutamente! Sem problemas.

Micro expressão: Raiva perpassa momentaneamente pelo seu rosto enquanto você pensa "Eu não estou feliz em ter trabalho extra".

Micro expressões são sutis e pequenas, mas se você prestar bastante atenção,

pode nota-las facilmente. Apesar do orador não saber, ele está mostrando um sinal claro em seu rosto que está dizendo "Eu estou prestes a mentir".
2. Expressões ocultadas (*"squelched"*):O segundo indicador facial de mentiras acontece quando uma pessoa está tentando esconder suas emoções, mas diferentemente das micro expressões, uma expressão ocultada inclui a sinalização de múltiplas emoções e, frequentemente, é performada de forma proposital. Por exemplo, há um membro irritante no seu clube de leitura, você gosta de ajuda-lo, mas algumas vezes mal consegue evitar gritar com ele e é por isso que o seu sorriso forçado para ele se transforma em uma careta. Quando alguém quer esconder suas verdadeiras emoções, a pessoa irá ativamente tentar cobri-las com outra expressão. Na maioria dos casos a forma de mascarar uma emoção é através de um sorriso. Um sorriso é a expressão facial voluntária mais fácil que uma pessoa pode fazer e

é frequentemente usado para esconder sentimentos negativos.

3. Padrões de Músculos-Chaves: Os padrões de músculos-chaves são o terceiro indicador para que você calibre se alguém está mentindo ou não. Alguns músculos faciais são fáceis de controlar, como aqueles associados aos movimentos das sobrancelhas, mas músculos-chaves não são fáceis de controlar. O músculo da orbita ocular, que contrai as pálpebras e cria pés-de-galinha nos cantos externos do olho, são difíceis de mover deliberadamente em uma "posição de sorriso" perfeita. Como regra, apenas felicidade genuína em uma pessoa pode produzir um sorriso genuíno. O rosto de uma pessoa deve participar quando ela sorri. Se você está julgando a sinceridade de um sorriso, olhe para a combinação da elevação dos cantos dos lábios, a retenção dos lábios para dentro da boca e a tensão nos músculos das bochechas. Se você também não identificar pés-de-galinha ao redor dos

olhos, as chances são de que seja um sorriso falso. Se você quiser saber se uma pessoa está genuinamente arrependida ou entristecida, a imobilidade do queixo e os lábios direcionados para baixo são sinais de um padrão muscular confiável que indicam a veracidade destes sentimentos. Um estudo cuidadoso do rosto como um todo é crucial para perceber enganações.

4. Taxa de Piscadas dos Olhos: Bons mentirosos são habilidosos em manter contato visual com seus oponentes. Diferentemente do conhecimento popular, as taxas de piscadas dos olhos são indicadores muito mais úteis de honestidade que o contato visual. Piscar pode ser tanto deliberado quanto não intencional, mas as pessoas que estão tentando enganar irão frequentemente piscar mais do que fazem quando contam a verdade.

5. Dilatação da Pupila: A dilatação da pupila é um indicador confiável da emoção de uma pessoa. Uma pupila

grande, dilatada excepcionalmente, indica que uma pessoa está excitada. Basicamente ninguém consegue controlar o tamanho de suas pupilas. Uma pessoa com pupilas dilatadas anormalmente talvez esteja sentindo raiva, medo ou outra emoção que não consegue controlar.

6. Lágrimas: Lágrimas são indicadores óbvios de emoções como a tristeza, estresse e, em alguns casos, felicidade ou diversão. Para a maioria de nós, lágrimas meramente mostram que uma pessoa tem um sentimento forte em relação a alguma coisa. Para algumas pessoas, lágrimas não são difíceis de fingir. Então, note as lágrimas, mas não chegue a conclusões tendo apenas elas como base.

7. Expressões assimétricas: Com exceção de desprezo, emoções genuínas geralmente se apresentam de forma bem simétrica. Quando uma pessoa faz uma expressão deliberada, é frequente que seja desigual. Nós tendemos a exagerar os movimentos naturais dos

nossos músculos faciais quando tentamos expressar uma emoção que não estamos sentindo realmente. Como resultado, uma expressão assimétrica emerge, como uma narina levemente elevada ou um sorriso torto. Expressões assimétricas são relativamente fáceis de notar mesmo para um novato. Diferentemente de outras expressões, a expressão de desprezo é cheia de significado. Ela geralmente significa um sentimentode superioridade moral aos demais. Você pode notar desprezo no rosto de uma pessoa através de viradas de olhos, uma ruga no nariz, ou uma narina elevada acompanhada do lábio superior enrugado.

8. *Timing*: O *timing* preciso de uma expressão facial em relação a outras expressões corporais ou vocais podem ser revelador. Indicadores das emoções verdadeiras de uma pessoa são, usualmente, expressadas simultaneamente, enquanto indicadores artificiais ocorrem em

sucessões rápidas. Por exemplo, uma pessoa que está fingindo estar com raiva pode cruzar os braços e então fechar o rosto. Se ela estivesse realmente com raiva, o movimento dos braços e o rosto fechado aconteceriam ao mesmo tempo.

9.Duração: A duração de uma expressão é relevante para detectar uma mentira. Expressões genuínas de emoção geralmente duram por menos de cinco segundos e raramente persistem por mais de dez. Um sorriso prolongado provavelmente esconde ansiedade, raiva ou outra emoção negativa; também indica que a pessoa talvez esteja tentando descobrir o que dizer em seguida.

10. Intuição: Detectar mentiras envolve mais do que observar expressões faciais. Indicadores faciais são confiáveis, mas você obviamente entende que apenas um sorriso torto de uma pessoa não faz dela automaticamente uma

mentirosa. Pesquisas conduzidas pela Universidade de Northwestern mostraram que algumas vez, sem perceber nenhuma micro expressão, a atividade do nosso cérebro é afetada pela aparência efêmera do rosto de alguém. Isso muda nossa percepção e nosso comportamento em relação a outra pessoa. Em outras palavras, apenas porque nós não identificamos uma mini expressão, não significa que, inconscientemente, não sentimos enganações.

Confie em você mesmo e se seus instintos dizem que alguém não está sendo honesto com você e está dando um sorriso assimétrico ou piscando muito – tome cuidado!

Capítulo 2: Detectando Enganação Através da Linguagem Corporal

O que interrogadores profissionais e outros detectores de mentira realmente procuram quando observam a linguagem corporal de uma pessoa é um "deslize emocional'. Frequentemente, nós estamos cientes de como nossos rostos mostram emoção, e tentamos controla-lo. Uma pessoa preparada para mentir talvez perceba que ele ou ela está nervosa enquanto fala e tentará evitar mostrar ansiedade e parecer relaxada. O problema para mentirosos é que nem sempre possível antecipar nossos sentimentos; nossas emoções nos pegam de surpresa. Isso é especialmente verdade quando nos contam ou perguntam algo para o qual não estávamos preparados.

Os grandes deslizes emocionais:
    o Símbolos
    o Ilustradores
    o Espelhamento
Símbolos

O sinal de "V" que você faz com os seus dedos ou o "dedo" que você ofensivamente mostra para algum cara egoísta ou o sinal de mão levantada que você dá a alguém quando precisa de um puxão, são todos símbolos. Símbolos são sinais que possuem significados independentes sem quaisquer palavras ditas. Eles são específicos e deliberados e podem substituir completamente uma frase ou palavra.

A expressão genuína de uma pessoa é, geralmente, balanceada, mas expressões artificias são frequentemente desbalanceadas. O mesmo pode ser dito para símbolos, quando mentirosos usam símbolos, eles são, no geral, incompletos ou executados de forma estranha. Um dar de ombros naturalmente equilibrado, com ambos os ombros, significa "Eu não sei ou eu não me importo". Um dar de ombros pela metade pode indicar desonestidade.

Quando um gesto simbólico parece artificial ou desbalanceado, pode revelar que alguém está tentando esconder seus verdadeiros sentimentos. Um funcionário que diz não estar chateado com nada, mas mostra um sinal relutante de "okay" provavelmente não está sendo honesto sobre o quão estressado ou raivoso está se sentindo. Símbolos variam de país para país, cultura para cultura. Então, não julgue uma pessoa de outro país ou de outra cultura baseado nos mesmos sinais.

Ilustradores

Ilustradores são sinais e gestos que estão diretamente relacionados ao discurso. Eles são usados para ressaltar um ponto falado ou para repetir ou dar importância ao seu significado. Diferentemente dos símbolos, ilustradores não conseguem se sustentar sozinhos; nós os usamos para enfatizar nossas palavras. Por exemplo, se alguém pede direções a você sobre a localização da cafeteria mais próxima e você apenas aponta com sua mão, você usou ilustradores.

Assim como símbolos, o uso de ilustradores tende a diminuir quando alguém está tentando mentir. Quando uma pessoa está pensando com afinco sobre o que está dizendo, seu foco está em elaborar e preservar sua história através das palavras. Ela não tem nenhuma conexão emocional com o que está dizendo. Ilustradores são derivados da emoção genuína por trás das palavras, quando a emoção e os sentimentos não estão presentes, os gestos também estão ausentes.

Espelhamento

Espelhamento é uma forma de mostrar que você se sente confortável com outra pessoa. Quando uma pessoa está confortável com a sua presença, ela irá copiar ou espelhar sua linguagem corporal e mostrar indícios posturais de que está envolvida na conversa. Ela irá se posicionar na cadeira da mesma forma que você ou se inclinar para frente quando você o fizer ou sorrir quando você sorrir.

Ao longo de uma discussão, as pessoas que estão confortáveis com a presença umas das outras irão sensivelmente sincronizar seu tom de voz, padrões de fala e até mesmo a respiração. Uma vez que o espalhamento é fácil de fingir, muitos sites de namoro e livros sugerem que as pessoas espelhem os movimentos corporais e o comportamento de seus acompanhantes. O espelhamento é fácil de alcançar, mas mentirosos frequentemente são detectados porque eles não espelham o comportamento.

Quando alguém está tentando evitar comunicação ou se sentindo desconfortável, ela irá fazer gestos completamente opostos aos seus, como permanecer imóvel e não relaxar se você se recostar no sofá, por exemplo. Ela irá responder às suas perguntas, mas é altamente possível que está tentando enganar você. Permita-se ter uma visão clara do corpo, pernas e especialmente do rosto de alguém ao julgá-lo por possíveis enganações. Isso irá aumentar suas chances de detector mentiras.

Evidências Corporais

A seguir estão oito dicas de linguagem corporal a serem observadas e compreendidas:

1. Aceno de cabeça: Simboliza o que os americanos conhecem como um sinal de "Sim" enquanto alguém está

falando, geralmente significa "Sim, eu estou ouvindo você", não necessariamente significa "Sim, eu concordo com você".

2. Palmas abertas: Uma postura que englobe palmas abertas e voltadas para frente é inofensiva e receptiva. Indica honestidade e receptividade ao interlocutor. Por outro lado, palmas projetadas para baixo projetam autoridade e palmas escondidas sugerem dissimulação.

3. Mãos unidas: Durante uma conversa, dedos se torcando ligeiramente em uma posição semelhante àquela de reza é uma forma não verbal simples de mostrar confiança, e até mesmo superioridade. Esse gesto pode ser tanto positive quanto negative.

4. Aperto de mão firme: Um movimento favorito de uma pessoa confidante e dominante é apresentar uma palma voltada para baixo em um aperto de mãos, instantaneamente colocando o oponente em uma posição submissa.

Braços cruzados: Uma posição de braços cruzados (o inverso de palmas abertas) indica uma atitude defensiva, negativa ou não receptiva.

6. Tornozelos cruzados: De forma similar aos braços cruzados, o gesto no qual as pernas estão engatadas juntas sugere incerteza, retração ou medo. É comumente visto emsalas de interrogatório ou cadeiras de dentista.

7. Postura de pernas afastadas: A pose de atletas profissionais e jogadores antes de um jogo, esse gesto predominantemente masculina evidencia a área da virilha e sugere tenacidade e dominância.

8. Tirada de fibras: Quando uma pessoa se vira para pegar qualquer fibra ou fiapo, real ou imaginária, de suas roupas, isso sugere que ela desaprova ou discorda com o que está dizendo ou ouvindo.

Detectar mentiras não é apenas sobre micro expressões e linguagem corporal; você precisa analisar as palavras da pessoa. No próximo capítulo, iremos discutir tudo sobre isso.

Capítulo 3: Indicadores Verbais de Mentira

Mentir é um trabalho duro. De acordo com o pesquisador suíço AldertVrij "Mentirosos têm que pensar em respostas críveis, evitar quaisquer contradições e contar uma mentira que seja consistente com tudo que o ouvinte saiba ou possa descobrir." Eles precisam fazer tudo isso sem cometer nenhum erro ou mostrar qualquer nervosismo.

Para detectar indicadores verbais de mentira, analistas de fraude prestam bastante atenção em quatro características do discurso:

To detect verbal indicators of lying, deception analysts pay close attention to four characteristics of speech:

· Estrutura do discurso
· Deslizes verbais
· Qualidade vocal
· Atitude

Estrutura do discurso

A estrutura do discurso de uma pessoa – suas extadas escolhas de frases ou palavras — é um bom indicador de possíveis enganações. De qualquer forma, você precisa lembrar uma coisa, qualquer fator mental ou físico, como o estresse, a fatiga, a fome, a preocupação com um membro da família, etc, pode afetar como alguém se expressa.

Existem diversos tipos de discursos que mentiroso usam para desviar suspeitas ou fugir de perguntas:

Discursos-Papagaio: Quando você faz uma pergunta a alguém e ela a repete para você, a pessoa talvez esteja retardando a conversa para conseguir tempo e pensar sobre o que quer responder. Por exemplo, se você perguntar "Onde você estava ontem à noite?" e você ouvir de volta "Onde eu estava ontem à noite? Eu estava na casa dos meus pais.", preste atenção. Você não obtem uma resposta simples, como "Eu estava na casa dos meus pais."

Discurso *"guilt-trip"*[1]: Um discurso *guilt-trip* é uma tática que mentirosos usam

---

[1] Nota de tradução: *"guilt-trip"* é uma expressão do inglês que significa o ato manipulador pelo qual uma pessoa faz outra sentir-se culpada por fazer ou pensar algo, geralmente utilizando vitimismo e grandes gestos para criar credibilidade emocional.

para colocar você na defensiva. Digamos que você pergunte a um dos seus funcionários qual saída ela usa quando está indo embora após o expediente e ela fica ofensiva e diz "Não se preocupe, eu não irei sair cedo."

Discurso de protesto: Um mentiroso usa discursos de protesto e lembra você que seu passado mostra que ela é uma funcionária obediente e honesta.

P: "Qual saída você geralmente usa quando deixa o prédio depois do expediente?"

R: Geralmente a porta de trás. Eu tenho sido uma funcionária honesta e que trabalha duro há 5 anos. Por que você está fazendo esse tipo de pergunta?

Discursos exagerados ou curtos demais: No segundo antes de qualquer pessoa se preparar para responder a uma pergunta, ela irá consciente ou inconscientemente julgar qual seria a melhor resposta possível. Ela talvez diga muito pouco como "não muito" ou "não estou interessada". Outras vezes, ela talvez responda com uma resposta longa e esconda o verdadeiro ponto do discurso.

Discurso de suporte: Mentirosos deliberadamente querem soar convincentes e sérios. Eles irão adicionar frases como:

"Eu juro por Deus que estava com Jon ontem à noite."

"Para ser sincero, eu também pensei que esses números não estavam corretos."

Psicólogos descobriram que mentirosos frequentemente usam essas frases quando tentam levantar suspeitas.

Discursos de distanciamento: Ninguém gosta de pensar em si mesmo como um traidor, um mentiroso ou um criminoso. Frequentemente, nós fazemos todos os tipos de gestos mentais e verbais para evitar cenários como este. Por exemplo, um vendedor tentando vender um laptop inferior talvez diga "esse modelo é muito popular, ele esgota o tempo todo." Note que o vendedor evitar usar "eu" e se retira completamente da conversa. Um vendedor honesto diria "Eu sei que é um modelo muito popular, eu o vendo o tempo inteiro." Discursos de distanciamento são marcadores de discursos desonestos.

Eufemismos: Eufemismos também são uma forma de linguagem de distanciamento. Uma pessoa honesta confrontada com uma pergunta direta como "Você roubou meu dinheiro?" irá responder diretamente "Eu não roubei nada de você!" No entanto, uma pessoa culpada talvez responsa "Eu não tirei nada de você." Note a falta de emoção suspeita em sua negação. Além disso, a pessoa mudou a palavra "roubo" para um moderado "tirar" – um possível indicador de que está mentindo.

Deslizes verbais

Deslizes verbais são basicamente os erros que as pessoas cometem quando investem tanta energia cognitiva na preservação de suas mentiras que seus cérebros encontram dificuldade em acompanhar o que elas estão realmente dizendo. "Ahs" e "Ums", uso gramatical inconsistente e muito outros erros verbais entram nesta categoria.

Deslizes da língua: Um deslize da língua é basicamente um erro no discurso que trai um sentimento, pensamento ou desejo inconsciente por parte do locutor.

Negações longas/formais: Mentirosos algumas vezes usam a gramática formal mais do que fariam naturalmente. Por exemplo, dizendo "Eu não estava lá" invés de "Eu não *tava* lá." Quando uma pessoa inocente é acusada de algo que não fez, seu primeiro instinto é rejeitar completamente a acusação da forma mais enérgica que conseguir. Por exemplo, "Não fiz isso!" ou "Não toquei nela!".

Negações específicas: Uma pessoa que está contando a verdade tende a negar categoricamente qualquer transgressão. "Eu estou no ramo há mais de vinte anos e nunca forneci produtos abaixo do padrão para nenhum dos meus clientes. Nós não fazemos negócios suspeitos e não temos a intenção de começar agora." Mentirosos preferem ir direto ao ponto: "Nós não produzimos produtos de baixa qualidade."

Qualidade vocal

A qualidade vocal de uma pessoa é o indicador menos confiável. A seguir, algumas pistas que podem sugerir uma enganação:

o Algumas vezes a voz assumir um tom mais alto
o Atraso longo antes da fala
o Falar em uma velocidade anormalmente lenta, com mais hesitação e erros ("Ahs e Ums")
o A voz gradualmente torna-se tensa ou forçada

Todas essas pistas dependem fortemente de interpretação. O que soa tenso ou forçado para uma pessoa poderia soar perfeitamente normal para outra. Além disso, se alguém sente que está sendo avaliado, essa pessoa talvez fale de forma artificial para tornar as coisas mais complicadas. Esse é o motivo pelo qual você deveria considerar a qualidade vocal apenas em conjunto com outros indicadores verbais, linguagens corporais e expressões faciais.

Atitude

Ouça atentamente ao discurso de uma pessoa e então dê um passo atrás mentalmente para considerar o que a combinação das pistas verbais, expressões faciais e linguagens corporais indicam para você. A atitude é um indicador crucial na detecção de mentiras. A pessoa está interessada em responder à pergunta ou resolver o problema? Ela está sendo evasiva ou direta? O quão confiante sua voz soa? Uma pessoa desonesta talvez seja retraída e hesitante em negar firmemente ou reconhecer qualquer coisa que você sugira sobre seu comportamento ou ações.

Uma pessoa confiável irá cooperar confiantemente desde o começo da conversa e irá sinalizar que está ao seu lado. Se a pessoa em questão se exalta, preste atenção ao tempo que leva para que volte a se acalmar. Quando falsamente acusada, uma pessoa inocente fica com raiva e torna-se ofensiva porque não tem nada a esconder. Por outro lado, mentirosos irão se tornar extremamente defensivos porque têm algo a esconder. Eles irão responder com algo como "Eu não consigo acreditar que você está me acusando assim!" Eles exageram a situação e rapidamente se acalmam assim que acreditam tê-lo convencido com sucesso de que você está causando um estresse emocional profundo com perguntas desnecessárias.

Capítulo 4: Dicas! E Mentiras Que Você Quer Ouvir

Mais algumas dicas para você:

o Esconder os olhos ou a boca: Uma pessoa misleading frequentemente irá esconder os olhos ou a boca quando estiver mentindo. Essa é uma tendência natural de algumas pessoas para encobrir a verdade. Também é uma tentativa de se proteger da reação provocada pela mentira.

o Engolir ou limpar a garganta: Se uma pessoa limpa a garganta ou engole de forma perceptível quando questionada sobre alguma coisa, esse é potencialmente um sinal de que alguma coisa está errada. A pergunta talvez tenha tocado em um ponto sensível e provocado essa reação.

o Movimento de mão ao rosto: Observe o que uma pessoa faz com a cabeça ou com o rosto durante uma pergunta. Os sinais mais claros são puxar os lábios ou orelhas, morder ou lamber os lábios. Esses movimentos são tentativas do

nosso corpo de liberar ansiedade e mostram para as pessoas que quem está sendo questionado está nervoso.
o Gestos de aprumo:Gestos de aprumo são sinais de nervosismo e ansiedade. Um homem desonesto talvez arrume seus óculos, os punhos de sua camisa ou sua gravata quando responder a uma pergunta. Uma mulher que está tentando enganar alinharia sua saia ou colocaria algumas mechas de cabelo atrás da orelha. Há outras coisas que podem ser notadas. Por exemplo, se você faz uma pergunta e subitamente a pessoa fica ocupada com seu telefone ou seu copo de água está perto demais ou a caneta não está no lugar correto.

As Mentiras Que Você Quer Ouvir

A vida é complicada e estressante e algumas vezes a verdade nua e crua não é o suficiente para encorajá-lo a seguir em frente com a sua vida. Mentiras ou encorajamentos que você quer ouvir incluem:

o Vai ficar tudo bem: Você sabe que tudo não vai ficar bem, especialmente se você sofreu um acidente ou está passando por sérios problemas financeiros. Você irá sofrer pelos próximos dias. Mas problemas não significam uma rua sem saída para você. As coisas vão melhorar e você sabe disso, mas quando se está em uma situação difícil você precisa de inspiração e encorajamento da sua família e amigos. Palavras vindas deles vão ajudá-lo a passar pelos dias mais escuros da sua vida.

o Não há nada para temer: O mundo é perigoso e há muitas coisas para temer. Mas isso não significa que você não deveria sair de casa! Você precisa viver sua vida normalmente apesar da possibilidade de um incidente acontecer com você a qualquer momento. Você vive sua vida tão normalmente quanto for possível e quando coisas ruins acontecem você lida com isso. Viver uma vida em medo constante não é viver.

o Se você é uma boa pessoa, coisas boas irão acontecer para você: Outra mentira! A vida não é justa e você sabe disso, mas um pequeno encorajamento não vai machucar. Quando você está profundamente deprimido, palavras como essa irão ajuda-lo a continuar. Não importa qual seja a situação, as coisas irão melhorar para você e você tem que acreditar nisso.

o Você pode ser o que quiser na vida: Raramente você pode ser o que você quiser na vida. Você não pode ser um milionário ou um astro do esporte simplesmente porque você quer ser. Mas não há nada errado em tentar. Sonhe alto e mire nas estrelas.

o O amor é tudo de que você precisa: Amor é importante na vida. O amor da família e dos amigos próximos são tesouros preciosos na vida de qualquer pessoa. Mas apenas o amor não pode nos sustentar. Amor não garante comida, roupas ou a segurança de uma casa. Nós trabalhamos duro para se sustentar e voltar para casa para aqueles que amamos. Amor e renda se complementam e você precisa de ambos na sua vida.

Capítulo 5: Alguns Exemplos Reais da Linguagem Corporal dos Mentirosos

Quando você analisa a linguagem corporal de um mentiroso em um cenário real, você precisa observar cuidadosamente todos os movimentos e mudanças na respiração, braços, mãos, pés, pele, postura, posição ou postura. Nesse capítulo nós iremos discutir alguns exemplos reais de linguagem corporal que revelam que alguém está sendo desonesto ou mentindo.

Mudanças na Respiração
Mudanças no padrão de respiração são frequentemente a primeira coisa que você vai notar quando uma pessoa mente. Quando as pessoas estão calmas e relaxadas e não precisam se preocupar sobre o que estão dizendo, elas respiram normalmente e você será capaz de ver um padrão estável de respiração – o abdômen movendo para cima e para baixo conforme o ar entra e sai dos pulmões. Mas quando uma pessoa está mentindo ou mostrando

alguns sinais de desonestidade, ele ou ela frequentemente irá respirar de forma que você verá os ombros e a parte superior do peito subir e descer invés de ver o abdômen se mover para cima e para baixo.

Créditos da imagem: huffingtonpost.com

Quando alguém está sendo desonesta, frequentemente é visível na área superior do peito, indicando ansiedade e nervosismo. Um exemplo perfeito é a entrevista em que Lance Armstrong confessou para Oprah Winfrey que ele havia realmente sido pego no doping. Enquanto na entrevista ele pareceu franco em muitas das coisas que revelou, de tempos em tempos um observador atento poderia detectar uma tensão visível em seus ombros enquanto ele respirava ansiosamente. Isso indica que ele não estava sendo completamente honesto ao responder às perguntas de Oprah.

Créditos da imagem: telegraph.co.uk

Quando uma pessoa está sendo desonesta, você irá frequentemente vê-la estufar as bochechas ao exalar de forma inesperada. Esse processo é conhecido como oxigenação. O Sistema Nervoso Autônomo da pessoa está trabalhando arduamente para dominar um aumento súbito de dióxido de carbono no sistema. Por esse motivo, a pessoa prontamente respire profundamente e então libera o ar para obter novamente um equilíbrio no corpo. Esse processo ajuda o mentiroso a liberar o aumento de tensão causado pela mentira e a retomar sua compostura. Essa liberação de ar é, então, frequentemente, um grande indicativo como se trata de detectar uma mentira.

Créditos da imagem: Daniel Gluskoter, Splash News.

Acima nós podemos ver uma foto do infame O. J. Simpson na corte durante seu julgamento em 2008 no Las Vegas Clark Country Regional Justice Center por assalto, invasão e assédio. Observe como seu peito está expandido e elevado enquanto ele enche os pulmões de ar, e suas bochechas estudas enquanto ele se prepara para liberar uma lufada súbita de ar para se oxigenar e liberar o estresse e a tensão esmagadora.

Essa foto foi tirada no dia em que o juri foi selecionada para o seu julgamento. O. J. tem uma experiência extensa na sala do júri e ele sabe a importância da escolha dos jurados antes do julgamento começar. Sua lufada de ar intensa e súbita e a respiração com a parte superior do peito ilustram o estresse e a ansiedade pelos quais ele está passando durante o processo de seleção do júri.

Mudanças na Pele

Quando as pessoas mentem você pode, algumas vezes, notar mudanças na sua pele, no que diz respeito à transpiração e à cor da pele. Em indivíduos de pele mais clara, a pele talvez se torne manchada, vermelha ou corada. Geralmente você pode ver a vermelhidão no nariz e nas bochechas, mas a vermelhidão também pode aparecer de forma não uniforme em todo o rosto, do pescoço até a testa, assim como nas orelhas. O rubor ou a vermelhidão podem variar de um rosa claro até um vermelho bem escuro. Essa mudança inesperada de cor é o resultado de um aumento na adrenalina e mudanças simultâneas nos capilares e veias sanguíneas. Em indivíduos de pele mais escura, a pele pode tornar-se acinzentada ou mais pálida.

Créditos da imagem: lillian.ejago.com

Aqui nós podemos ver a foto do humilhado e desonrado antigo Senador e candidato a Vice-Presidente John Edward quando este foi preso por fraude financeira. Como você pode ver, ele está tentando dizer que está feliz e que tudo está bem com o sorriso falso. Apesar de seus lábios estarem sorrindo, você pode perceber que é um sorriso falso. Sua aparente felicidade também é refutada pela pele escurecida e manchada em seu rosto e nas laterais de seu pescoço. Na foto original, seu rubor é muito mais óbvio, todo seu rosto está rosado-vermelho.

Créditos da imagem: cnn.com

Talvez você já tenha visto vermelhidão nas bochechas, orelhas e nariz de um mentiroso quando ele sente que sua mentira está prestes a ser descoberta. A pele de Lance Armstrong é normalmente bronzeada, mas a vermelhidão contrastante em seu nariz, orelhas e lados do seu pescoço durante a entrevista revelam a mudança rápida no seu Sistema Nervoso Autônomo e o aumento subsequente de fluxo sanguíneo. Juntamente com a súbita cor avermelhada, as veias talvez apareçam na testa, uma vez que estão inchadas pelo aumento de fluxo e pressão sanguínea.
Suor

Transpiração no rosto frequentemente indica mentira. Suor normalmente aparece na testa, nas bochechas, no nariz, no lábio superior e no queixo. Na foto anterior de John Edwards você pode facilmente ver a

transpiração visível em seu rosto enquanto ele mostra uma expressão feliz. Suor no rosto é um resultado do corpo gerando calor, o que também causa a vermelhidão e rubor simultâneos. O corpo tenta se resfriar e o suor é liberado através dele e do rosto.
Créditos da imagem: peterheck.com

Curiosamente, os músculos do lábio superior normalmente se tensionam durante uma mentira e é por isso não é incomum ver gotas de suor se acumularem nessa área. Esse é frequentemente um indicador claro de que a pessoa está mentindo. Na foto acima, enquanto todos nós notamos o dedo raivosamente apontado de Clinton, alguns observadores atentos foram capazes de ver que ele também estava suando excessivamente enquanto respondia às perguntas. Olhe atentamente para a foto acima e você poderá ver pequenas gotas de transpiração e brilho sobre seu lábio superior.
photos1.blogger.com

Assim como o Presidente Clinton, Armstrong também estava suando muito quando deu entrevistas sobre seus dias de ciclista. Um exemplo é sua entrevista com a ESPN.com em 2006, na qual gotas de suor sobre seu lábio superior eram claramente visíveis enquanto ele categoricamente negava ter tomado qualquer droga de reforço de desempenho (*doping*).

Esse sinal indicador de suor no lábio superior foi útil quando a inspetora da costumes dos Estados Unidos, Diana Dean, confrontou Ahmed Ressam, que também é conhecido como o *"Millennium Bomber"*. Ahmed Ressam tentou entrar nos Estados Unidos pelo Canadá em dezembro de 1999, dirigindo um carro que continha os componentes de uma bomba caseira. Quando Ressam deixou a balsa de British Columbia para Port Angeles, Washington, Dean o confrontou enquanto conduzia seu interrogatório de rotina. O que a alertou foram as gotas de suor que começaram a aparecer sobre o lábio superior de Ressam. Ela imediatamente pediu por ajuda e chamou os demais policiais para revistarem o carro. Os materiais crus para fazer a bomba foram encontrados. Se ela não houvesse notado o sinal indicador de suor de Ressam, poderia ter acontecido outro ataque terrorista em solo americano!

Mudanças de Postura

Quando as pessoas mentem e traem, você vai notar mudanças leves e súbitas em sua postura. Normalmente a postura irá tensionar e ambos os ombros irão se direcionar para frente e tornar-se rígidos. Sua cabeça também pode mudar de posição e abaixar em um movimento sutil para frente.

Créditos da imagem: Pooled Pictures/Splash News

Aqui está uma foto de Chris Brown quando ele apareceu na corte em abril de 2009 por agredir sua namorada Rihanna Fenty. Apesar de se declarar inocente das acusações, sua linguagem corporal sugeria que ele estava se sentindo envergonhado e culpado. O normalmente arrogante e convencido Chris Brown não apresentava sua postural costumeira quando apareceu diante ao júri. Sua cabeça inclinada, olhando para baixo, e seus ombros subitamente encolhidos. Como você pode ver pela imagem, sua postura basicamente grita "culpa" e "vergonha".

Um dos motivos pelos quais os mentirosos adoram essa posição quase fetal é porque, por dentro, eles estão se sentindo emocionalmente vulneráveis e constrangidos. Por isso, eles literalmente tentam se diminuir, ocupando menos espaço e mostrando que estão se sentindo pequenos emocionalmente. Essa também é a forma natural do corpo se proteger. Então se e quando você pegar uma pessoa mentindo, você irá frequentemente ver ombros encolhidos e rostos em uma posição que se assemelha a de uma tartaruga. Você talvez se lembre de ver isto quando Barry Bonds foi pego mentindo por omissão em uma coletiva de imprensa lotada. Enquanto ele mantém silêncio na conversa sobre o uso de esteroides, sua linguagem corporal protetora mostra a verdade.

Créditos da iamgem: lillian.ejago.com
Nesta imagem de John Edwards, você também pode perceber sua postural encolhida. Geralmente a postura de Edwards era firmemente reta, com sua cabeça erguida e os ombros voltados para trás enquanto ele transbordava autoconfiança. Mas nesta imagem você pode ver que seus ombros estão voltados para frente. Essa é a linguagem corporal de um homem que está triste e envergonhado. Então seu corpo está mostrando a verdade – que Edwards não está feliz com sua prisão por fraude na campanha.

Quando alguém perde a autoconfiança e tente enganar as pessoas você pode frequentemente notar sua postura mudar para uma posição fetal encolhida. Isso é especialmente evidente quando você vê alguém que é condenado por um crime ir de uma postura reta e arrogante para uma postura-de-tartaruga com os ombros encolhidos e a cabeça inclinada.

Andy Colwell, The Patriot News/AP
Quando o desonrado técnico de futebol de Penn State, Jerry Sandusky, foi inicialmente acusado de abuso infantil, sua cabeça erguida e postura reta afirmaram ao mundo que ele estava confiante e nada aconteceria a ele. Ele iria simplesmente sair ileso das acusações. Porém, conforme o tempo passou, novas testemunhas de seu delito apareceram e postura antes ereta e confiante de Sandusky começou a se tornar mais e mais encolhida e de "tartaruga". Apesar de continuar alegando inocência, sua linguagem corporal e postura mostravam outra coisa. Essa mudança culposa de postura também é um indicativo para policiais quando interrogam suspeitos. Eles sabem que estão em um bom caminho e suas perguntas se tornam mais diretas.

Balançar de Ombros
  Foto: John Storey

Imagine que você está em um diálogo com uma pessoa e ela subitamente balança os ombros quando responder uma pergunta copiosa ou falar sobre um tema polêmico, é possível que ela esteja mentindo para você. Um exemplo: o antigo jogador de baseball da Major League, Barry Bonds, frequentemente balançava seus ombros durante coletivas de impressa para evitar perguntas sobre o uso de esteroides. Mas evitar perguntas com tanta frequência e para as pessoas erradas — promotores federais — resultou em Bonds sendo indiciado por obstrução de justiça e perjúrio em uma investigação governamental. Barry foi condenado por obstrução de justiça e teve sua entrada no Baseball Hall ofFame negada.

Direitos de imagem: GettyImages

Nós estamos falando sobre detectar mentiras e não podemos deixar uma pessoa de fora: O. J. Simpson! Em sua audiência no Las Vegas Clark Country Regional Justice Center, O. J. levantou com suas algemas e ofereceu uma "desculpa" por seu delito. Enquanto fazia isso, ele despreocupadamente inclinou sua cabeça para um lado e balançou seus ombros, como é possível ver na foto acima. Isso indica que seu "pedido de desculpa" não era genuíno. Isso "provou" o fato de que sua intenção era realmente "machucar esses caras" quando ele entrou em seu quarto de hotel munido com uma arma para recuperar o que ele via como sua propriedade.

Apresidente do júri, Jackie Glass, obviamente viu além da desculpa falsa de O. J. Ela rejeitou sua "desculpa" e disse que o que O. J. fez era "muito mais do que apenas estupidez". Ela o sentenciou a 15 anos na prisão.

"Contra a parede"

Créditos da imagem: AdLIB Design/Splash News

Algumas vezes quando as pessoas percebem que eles foram pegos mentindo, todo o seu corpo vai subitamente e incontrolavelmente empurrava sua. Isso significa que o mentiroso literalmente foi pego de surpresa por sua desonestidade ter sido descoberta. As costas do mentiroso estão simbolicamente "contra a parede" enquanto ele já um pulo simbólico e pequeno para trás. Ao fazer isso, sua postura rapidamente se torna ereta e rígida. Também há uma tensão visível nos ombros e no pescoço, como pode ser visto na foto de O. J. Simpson. Essa foto foi tirada durante uma entrevista no décimo aniversário do assassinato de sua esposa. No vídeo, é possível vê-lo literalmente recuando quando a pergunta de Catherine Crier atinge um ponto sensível.

Inclinando-se

Créditos da imagem: AdLIB Design/Splash News

As pessoas que mentem no seu rosto querem desesperadamente que acreditem nelas. Então, em seu desespero, eles irão inclinar-se na sua direção como uma forma de se insinuar e parecerem agradáveis e acessível. É uma tentativa manipuladora de enganar as pessoas a acreditar neles. É por isso que você pode frequentemente vê-los se inclinando para frente quando estão em uma comunicação cara-a-cara. É uma tentativa de criar uma falsa intimidade e fazer você acreditar que eles estão contando a verdade. A foto acima de O. J. Simpson durante uma entrevista quando ele foi questionado sobre seu envolvimento na morta da esposa. Nessa foto você pode ver a sutil inclinação para frente, acompanhada do dedo apontado, basicamente uma tentativa de enganação.

Scott Peterson durante uma entrevista. Foto:findlaci2003.us

Criminosos que são entrevistados antes de suas condenações, frequentemente mostram esse tipo de comportamento. O criminoso condenado Scott Peterson foi entrevistado por Diane Sawyer e durante toda a entrevista é possível ver Peterson se inclinando para frente, provavelmente em uma tentativa falha de parecer crível. Enquanto ele se inclinava e falava, ele continuava a mentir sobre não saber o paradeiro da esposa. Peterson fez a mesma coisa em outra entrevista na CBS. Apesar da repórter controntá-lo sobre suas mentiras e enrolações acerca da namorada, Amber Frey, Peterson continuou a manter a posição rígida e inclinada para frente durante a entrevista.

Nós também notamos esse padrão com Drew Peterson, condenado por assassinar a esposa, no Today Show enquanto ele tentava convencer seu entrevistador, Matt Lauer, e o mundo de que ele não havia matado a terceira e a quarta esposas, Kathleen e Stacy, respectivamente. Nós também vemos a mesma postura em Jodi Arias, condenada por matar o namorado, quando ela apareceu em 48 Hours e tentou convencer a todos de que era inocente. Outro traço notável desses criminosos que se inclinam para frente é que eles dificilmente saem dessa posição durante as entrevistas.

É exatamente isso que vemos na linguagem corporal de Drew Peterson. Em suas muitas entrevistas, ele sempre se mantinha sem expressão e rígido enquanto declarava inocência. Ele insistia não ter matado a terceira esposa, Kathleen, ou a quarta, Stacy. Ele respondeu a todas as perguntas sem demonstrar expressão em seu rosto e nunca mudou a posição do corpo inclinado para frente.

Inquietação ou Estagnação

Outro sinal indicativo de mentira é a inquietação. O motivo para isso é que o nosso sistema nervoso autônomo frequentemente tem uma resposta primitiva de luta-ou-fuga. Com frequência, as pessoas querem literalmente fugir de situações desconfortáveis ou estressantes. Então, se um mentiroso sente que ele será entrevistado ou interrogado, o instinto biológico inato age no sentido físico de "me tire desse cenário". Por esse motivo, a energia excessiva e os movimentos corporais externos.

Alternativamente, um mentiroso também pode ficar imóvel. Isso pode ser um sinal de uma situação neurológica primitiva de luta no lugar de uma resposta de fuga.

Quando você fala e se envolve em uma conversa, é natural que você mexa o seu corpo em movimentos relaxados, sutis e majoritariamente inconscientes. Então, se você vê uma posição catatônico e rígido, desprovido de movimento, isso é comumente um sinal indicativo de que alguma coisa está errada. No mínimo, a pessoa está tentando bastante mostrar uma posição calma e controlada, no máximo, ela esteja tentando manipular você através de mentiras.

Quando um suspeito está sendo interrogado por policiais e parece enraizado ao lugar, geralmente indica que ele está tentando esconder alguma coisa. Além disso, se ele está segurando as mãos ou braços, ele está literalmente tentando segurar-se para não dizer as palavras "erradas".

Todd Williamson/Todd Williamson/Invision/AP
NickiMinaj negou fiel e ruidosamente estar envolvida em hostilidades com a também jurada, a cantora Mariah Carey. De

qualquer forma, o fato de que Nicki se sentou rígida e sem expressão e se recusou a olhar para Mariah mostrou a verdade para todo o mundo. Esse comportamento incomum é comumente um bom indicativo de uma mentira, precisamente porque é incomum, estranho e não acompanha a atmosfera do cenário como um todo. A pessoa que está enganando tenta micro gerenciar seus movimentos para que ninguém perceba que está mentindo; ironicamente, é esse exato comportamento que mostra para as pessoas que a pessoa está escondendo alguma coisa.

Mudanças na posição da cabeça
Quando alguém é pego mentindo, você comumente irá notar vários movimentos estranhos e intrigantes. A cabeça estará curvada para baixo, empurrada para trás, inclinada para um lado ou para o outro. Se você notar esses sinais, particularmente depois de fazer uma pergunta inquietante, é possível que a pessoa não esteja sendo

completamente honesta e verdadeira com você.

Empurrão para Trás
Créditos da imagem: AdLIB Designs/Splash News
Nós vimos com frequência a balançar da cabeça de Scott Peterson durante seu julgamento pelo assassinato da esposa. Durante o julgamento, sua cabeça se movia subitamente para trás quando ele ouvia algo convincente na corte que mostrava a verdade sobre seu envolvimento na morte da esposa. Você pode ver a mesma coisa na foto acima de O. J. Simpson durante sua entrevista para Catherine Crier. O *timing* da foto é significativo: ele subitamente empurra sua cabeça para trás enquanto começava a responder a uma pergunta importante sobre o assassinato de Nicole. Esse movimento súbito e inesperado de cabeça é frequentemente um indicador de que alguém não está contando a verdade.
A próxima imagem é de Lance Armstrong quando uma pergunta inesperada sobre

seu escândalo com drogas foi feita. Perceba a posição de sua cabeça e o quanto ela está pendendo para trás enquanto ele processa a pergunta. Sempre que você notar a cabeça de alguém subitamente parece ter sido empurrada para trás – quando eles pensam que podem ser pegos mentindo ou ouvem algo que possa revelar a verdade. Esse movimento estranho, súbito e inesperado diz muito.

Créditos da imagem: Jennifer Lorenzini/Splash News.

Inclinação de Cabeça (Para Baixo)

Quando alguém com consciência ouve uma verdade desagradável ou é pego mentindo, ele ou ela normalmente irá curvar a cabeça. Isso frequentemente é um sinal de vergonha ou contrição. Quando Tiger Woods responde perguntas coletiva de impressa sobre seu caso, sua cabeça estava curvada durante quase todo o tempo.

Photo: Euroweb.com

Créditos da imagem: Pooled Pictures/Splash News

Você podever a mesma coisa com o cantor e rapper Chris Brown quando ele se declarou inocente das acusações de agressão. O cantor sabia que sua alegação era uma mentira e que era culpado de agredir sua namorada, a cantora Rihanna, na noite do Grammy Awards.

Inclinação de Cabeça (Para os Lados)
Se você vê alguém subitamente inclina a cabeça para um lado ou para frente, isso frequentemente indica incerteza ou dúvida. Esse cenário é comumente visto quando perguntas inquietantes são feitas ou quando alguém sente que sua mentira está prestes a ser descoberta. É a forma inconsciente e instantânea do corpo dizer "Eu não sei como responder a essa pergunta, porque eu tenho que inventar uma mentira!'. Quando Drew Peterson foi questionado sobre o seu envolvimento no desaparecimento misterioso de sua quarta esposa, o normalmente arrogante ex-policial imediatamente inclinou sua cabeça para o lado enquanto respondia à pergunta e se defendia com "mentiras".

Esse foi um sinal para os experts de comportamento.

Lance Armstrong inclinou sua cabeça para o lado quando foi convidado ao placo em 2010 durante a cerimônia de encerramento de Tour de France. Esse foi provavelmente um sinal claro de enganação. Ele sabia que não merecia os elogios e quando os jornalistas começaram a fazer perguntas, ele provavelmente não sabia como esconder sua mentira.

Engolindo em Seco

Outro sinal indicativo significante de mentira é engolir em seco. Essa ação súbita de um "mentiroso" é o resultado da ação do sistema nervoso autônomo. Como a protuberância laríngea conhecida como Pomo de Adão é comumente mais visível em homens, é mais fácil de perceber nestes. O enganador, no geral, irá parar no meio da frase para engolir automaticamente. Quando uma pessoa está tensa, ou dizendo ou fazendo algo que não deveria, a produção de saliva usualmente diminui. Consequentemente, a garganta ficará seca e "arranhada". Para lubrificar a garganta com saliva e continuar a falar, o mentiroso terá que engolir, o que alivia a sensação apertada, desconfortável e seca.

Créditos da Imagem: GettyImages

Lance Armstrong facilmente podia ser visto engolindo em seco ao longo de sua conversa com Oprah, particularmente quando falava sobre o seu escândalo de *doping*. Isso ficava mais óbvio quando Armstrong estava vendo vídeos antigos seus nas fitas de depoimento nas quais ele deliberadamente mentia sobre o uso de drogas. Enquanto ele assistia às entrevistas antigas, era possível notar claramente seu pomo de Adão subindo e descendo conforme ele engolia durante esses momentos tensos.

Escondendo as mãos e os braços

Imagem: imgarcade.com

As pessoas frequentemente escondem suas mãos quando estão inclinadas a enganação. Elas posicionam as mãos atrás de si, nos bolsos ou sobre alguma coisa (como uma mesa). Elas também tentam apertar as mãos em uma tentativa subconsciente de fazer seus corpos e mãos menores. Além disso, tenha em mente que as pessoas algumas colocam as mãos nos bolsos apenas porque é confortável. Como sempre, o contexto é a chave para desvendar enganação. A imagem foi tirada quando eles estavam tendo um caso, eles negaram, mas pela imagem você pode adivinhar a verdade.

Para detectar mentirosos na vida real, detectar essas pistas irá ajudar você a majoritariamente pegar as mentiras de mentirosos novatos e amadores. Aqueles que mentem religiosamente são uma história diferente.

Conclusão

Obrigado novamente por baixar esse livro! Eu espero que ele tenha ajudado você a entender as mentiras das outras pessoas.
O próximo passo é usar o que você aprendeu aqui e relê-lo para manter as ideias frescas na cabeça.

Por fim, se você gostou do livro ou ganhou algo através dele, eu gostaria de pedir um favor. Você poderia, por favor, tirar um tempo para compartilhar sua opinião e postar uma *review* deste livro na Amazon? Sua opinião será muito bem-vinda e será usada para melhorar esse livro e torná-lo melhor para todos os leitores!
Obrigado e boa sorte!

Parte 2

Introdução

Este livro contém estratégias e caminhos comprovados sobre a maneira de utilizar o conhecimento existente acerca da linguagem corporal,para uma melhor leitura do outroe expressão de você mesmo. Com este conhecimento,você será capaz de ter relacionamentos mais saudáveis,alcançar seus objetivos no trabalho,e influenciar as pessoas da maneira que desejar.

Muitas pessoas perguntam-se porqueas mensagens que tentam transmitir nunca parecem alcançar seu objetivo, ou por que elas se afiguram não conseguir interpretar as outras à sua volta.Muitos dos problemas em ser compreendido e compreender os outros podem ser traçados na origem pelo desconhecimento da linguagem corporal.

Comunicação é muito mais do que só palavras
Embora assumamos tipicamente que os seres humanos comunicam-se

principalmente usando a fala,a linguagem corporal é o fator mais importante da comunicação. Isto se aplica nos relacionamentos pessoais, no ambiente profissional,e mesmo na interação com desconhecidos.A linguagem corporal é relevante para qualquer situação que envolva ver ou ser visto em contato.

Comunicar-se com outros tem muito a ver com ouvir.Quando se trata de linguagem corporal no sentido observável, sinais não verbais estão constantemente sendo intercambiados,quer palavras sejam utilizadas,quer não.

Este tipo de linguagem é uma via de mão dupla:

O que você comunica: A linguagem corporal que você expressa mostra o que você realmente tem a intenção de transmitire o que sente em relação àqueles a sua volta,quer você tenha consciência disso ou não.

O que você lê nos outros: A linguagem corporal expressa por outras pessoas revelará as intenções e sentimentos delas para você,se você souber como prestar atenção.

Receber e enviar mensagens usando a linguagem corporal ocorre em ambos os níveis, consciente e subconsciente.Um outro termo para o estudo da comunicação não verbal écinesia,originado da palavra grega *kinesis*,que significa movimento.

Este tipo de comunicação envolve sentimentos,pensamentose intenções sendo expressados através de movimentos físicos,tais como o movimento dos olhos,a postura, as expressões faciais, a gesticulaçãoe os toques. Esta linguagem existe não apenas entre humanos,mas entre os animais também. Este tipo de língua,diferentemente de muitas outras,não possui uma estrutura gramatical e é mais aberta à interpretação do que outras, a exemploda língua de sinais.

Em sociedades individuais,há interpretações consensuais sobre certos comportamentos. Estas interpretações não são as mesmas em cada cultura ou país. Do mesmo modo, há dúvidas sobre se a linguagem corporal é ou não uma realidade universal. Esta linguagem relacionada à comunicação não verbal geral serve como um complemento à palavra falada nas interações entre as pessoas. Na verdade, foi descoberto em muitos estudos que a comunicação não verbal é responsável pela maior parte da informação trocada durante as interações entre as pessoas.

A linguagem corporal não apenas estabelece relacionamentos, como também determina a interação entre quem se comunica. Apesar de ser uma forma de comunicação importante, ela pode ser algo obscura e ambígua. Isso torna necessário aprender como interpretar esses sinais de modo exato, de forma a evitar confusão ou enviar sinais equivocados aos outros.

O que mais está envolvido na linguagem corporal?

Espaço pessoal: A linguagem corporal também tem a ver com onde alguém coloca seu próprio corpo em relação à posição dos outros. Por exemplo, isso pode estar relacionado com o fato de as pessoas se colocarem no centro de uma sala, muito próximas às demais, seencolherem num canto ou se espalharem pelo ambiente.

Pequenos movimentos: A linguagem corporal engloba movimentos quase imperceptíveis para a mente consciente,tais como micro expressões da face e movimentos dos olhos.Pode envolver,da mesma forma,movimentos da boca ou sutis deslocamentos das sobrancelhas.

Gesticulação: Os movimentos das mãos das pessoas quando falam podem dizer bastante sobre como elas estão se sentindo e mesmo carregar mensagens ocultasem seu discurso. As mãos são um dos maiores meios que a espécie humana tem para expressar-se.

Funções do corpo: A linguagem corporal também cobre áreas que não esperaríamos ou mesmo não pensaríamos naturalmente, como transpiração,respiração,ruborização,níveis de pressão arterial, e mesmo a pulsação.Embora alguns desses não sejam perceptíveis a olho nu,eles podem ser intuídos.

Como aprender a ler a linguagem corporal nos ajuda?

Palavras por si mesmas,particularmente quando se trata de palavras relacionadas a sentimentos,usadas em situações lidando com emoções,quase nunca refletem inteiramente os verdadeiros motivos ou significados por trás delas. Isto significa que procurar por indicações adicionais para interpretações pode ser extremamente útil para nós. A leitura da linguagem corporal ajudará você a desvendar o comportamento das pessoas.

Saiba como aqueles com quem você fala realmente se sentem e o que eles têm em mente. Muitas vezes, o tom ou o comportamento de uma pessoa contradiz completamente suas palavras.

Compreenda melhor como os outros podem estar interpretando nossos próprios sinais não verbais e intenções, aos quais nós habitualmente não prestamos atenção.

Obtenha uma melhor compreensão sobre a espécie humana, para além da mera comunicação verbal emitida para os outros.

Como pode ver pela lista acima, este é um assunto com o qual você pode ganhar muito aprendendo, o que faz deste livro o lugar ideal para começar.

Obrigado novamente por baixar este livro, espero que você goste!

Capítulo 1: A História e a Experiência

Por muitos séculos, cientistas e filósofos têm observado a conexão entre o comportamento físico dos seres humanos e sua personalidade,humore sentido, mas a linguagem corporal consiste em objeto de estudo bem mais recente. Temos um longo caminho a percorrer com esta escola da Psicologia,embora ela tenhase tornado muito mais detalhada e sofisticada, quando comparada a tempos passados. Estudos registrados e pesquisas nesta matéria são bastante limitados ou inexistiam até meados do século vinte.

Os primeiros pensadores a considerar a matéria:

Os primeiros especialistas a contemplar o assunto foram os gregos antigos.Aristóteles e Hipócrates demonstraram interesse no comportamento e na personalidade do indivíduo.Podemos também presumir que os romanos estiveram interessados, e Cícero em particular apreciava contemplar a comunicação e os sentimentos humanos.

Muito desta preocupação aparece em tópicos relacionados com o desenvolvimento de ideias acerca do discurso e da oratória,tendo em vista quão significativos estes meios foram para o governo e a liderança naqueles tempos.

Em eras mais recentes, surgiu material escrito sobre a linguagem corporal.Podemos olhar,por exemplo,no ano de 1605, para os trabalhos de Francis Bacon, nos quais ele refletiu sobre a maneira como os gestos são uma extensão da conversação verbal. Um autor chamado John Bulwer publicou em 1644 um livrosobre gesticulação. Em 1806,Gilbert Austin explorou a eficácia de aprimorar o discurso com gestos.

Especialistas em Linguagem Corporal:

Darwin,no final do século XIX,foi a primeira figura acadêmica influente a observar a linguagem corporal,de maneira séria e científica.Contudo,as ideias nesta área parecem haver desacelerado ou de modo geral deixaram de avançar durante o século e meio seguinte.

O trabalho de Charles Darwin abriu as portas para muitas escolas de pensamento etológico. Algumas começaram a estudar o comportamento dos animais.No início do século XX,o estudo estava estabelecido e avançou para abranger o comportamento dos seres humanos e a organização das estruturas sociais.

Nas áreas em que a Etologia cobre a evolução e comunicação dos animais,o estudo se relaciona fortemente com a linguagem corporal dos seres humanos. Os etólogos passarama aplicaro conhecimento recolhido nesses estudos à linguagem corporal,voltando-se para as origensda investigação em comunicação não verbal. Similar à Psicologia,a Etologia é uma ciência ampla e variada,que continuamente esclarece nossa compreensão da comunicação não verbale tudo o que ela implica.A compreensão acadêmica da linguagem corporal,em um formato acessível e popular, é relativamente nova.

Julius Fast publicou um livro sobre o assunto em 1971e comentou que a ciência é tão nova que seus especialistas são virtualmente desconhecidos.fast foi um autor americano premiado,publicou livros denãoficção e ficção,focando sobretudo a respeito do comportamento e fisiologia humana.seu livro foi único,no sentido de ser um dos primeiros trabalhos publicados a introduzir o tema da linguagem corporal para um público mais amplo.

Embora Fast estivesse entre os primeiros, existemexceções,como Charles Darwin,que foi uma grande influência para o autor.Darwin publicou um livro em 1872que discutia diretamente as emoções em humanos e animais.Este trabalho esteve entre os primeiros publicados a propósito da ciência da linguagem corporal,muito embora só tenha sido assim reconhecido mais tarde.

Psicólogos da primeira hora tocando no assunto:

Nos últimos anos do século XIX,assim como nas primeiras partes do século XX,outros como Sigmund Freud e alguns acadêmicos contemplariam aspectos da linguagem corporal no campo da Psicologia.Esses especialistas tinham consciência de aspectos da linguagem corporal como o espaço pessoal,mas quase nunca se concentravam diretamente em comunicação não verbal ou propunham suas próprias teorias sobre o conceito de linguagem corporal. Na época, os psicólogos (incluindo Freud) estavam concentrados na análise por razões terapêuticas e nosestudos comportamentais, muitos dos quais não viam os estudos de linguagem corporal como necessários.

Um livro chamado O Macaco Nu publicado por Desmond Morris apareceu em 1967, cobrindo novas visões sobre os estudos de comportamento humanoe abordando tópicos de linguagem corporal.O autor era um zoólogo da Grã-Bretanha, gostava de escrever sobre o comportamento humano e a maneira como nos comunicamos com o lado animalesco da evolução humana. O trabalho deste autor é popular ainda hoje e,embora controverso até certo ponto, pode lançar muita luz sobre a maneira como os seres humanos se comportam.

Apesar dos livros de Desmond Morris não mencionarem diretamente nem enfatizarem a linguagem corporal humana, o autor teve boa recepçãograças ao aumento do interesse pelo assunto.Pela primeira vez,o interesse pela linguagem corporal se estendeu para além da comunidade científica e as pessoas ficaram mais curiosas sobre a forma,para além das palavras, pela qual nos comunicamos uns com os outros.

As expressões faciais são,sem dúvida,um dos aspectos mais importantes da linguagem corporal,mas é difícil delinear os estudos científicos realizados em épocas passadas.Entretanto,existem algumas informações sobre o tema.

Algumas definições a propósito da Linguagem Corporal:

Antroposcopia: Esta é uma definição bastante obscura relacionada ao estudo da linguagem corporal. A palavra descreve o exame de expressões e características faciais (e corporais)que foram consideradas para indicar as origens étnicas, a natureza ou as qualidades gerais do caráter de um indivíduo.

As raízes antigas dessa palavra demonstram que embora a linguagem corporal tenha sido recém definida comoconceito e método pela Psicologia Analítica, a ideia de inferir o caráter e a natureza de um indivíduo a partir das expressões faciais não é nova.

Proxêmica: Anteriormente, mencionamos a ideia de espaço pessoal. Proxêmicaé a definição técnica para descrever o estudo do uso do espaço social. Este termo existe desde meados de 1900 e foi desenvolvido por um antropólogo que empregou o termo para referir-se à contiguidade, vizinhança ou proximidade.

Cinésica: Este termo descreve a interpretação da comunicação observando-se os movimentos do corpo. É a disciplina que estuda o significado expressivo dos gestos e dos movimentos corporais que acompanham os atos linguísticos (posturas, expressões faciais, etc); estudo da linguagem corporal.

Capítulo 2: Como podemos utilizar este Conhecimento?

O conceito de linguagem corporalé uma ideia poderosa entendida por todas as pessoas bemsucedidas e inteligentes. Isso pode incluir você também. A teoria e os estudos sobre este assunto entraram na corrente principal de pensamento nas últimas décadas, porque os psicólogos acadêmicos descobriram o que queremos dizer com os nossos gestos. Nossas expressões e até mesmo os menores movimentos podem dar uma pista do que estamos sentindo mesmo quando nossas palavras não o transmitem.

A comunicação não verbal e a linguagem corporal são basicamente conceitos intercambiáveis. Alguns consideram ser a linguagem corporalconstituída apenas por gestos ou posicionamento do corpo, enquanto outros consideram-na algo mais profundo. Cabe a você determinar a área mais valiosa paraenfocar. Ao pensar ou estudar o tópico mais um pouco você deve obter as respostas que precisa para sua jornada pessoal em relação ao assunto. Ao restringir seu foco aos setores mais relevantes da linguagem corporal você pode aprimorar informações úteis de maneira mais eficaz e tornar-se um especialistapor conta própria.

Aqui vão algumas perguntas sobre a linguagem corporal para ponderar quando se busca compreender o tópico:

Os movimentos oculares e as expressões faciais estão incluídos na linguagem corporal?

A transpiração e a respiração estão envolvidas nessa linguagem?

Já que o volume e o timbre da voz são tecnicamente ações verbais, você os considera igualmente parte da linguagem corporal?

Ao fazermos essas perguntas o ponto não é encontrarmos uma resposta objetiva, mas decidir no que você acha válido se concentrar em sua própria descoberta do significadoda linguagem corporal. Outra boa razão para explorar essas questões seria ampliar o âmbito desse significado, a fim de obter o máximo de sentido na comunicação. Esses sinais podem ser perdidos se não forem ponderados e incluídos.

É fácil ficar confuso quando o contexto e as definições não estão claramente estabelecidos. Para dar um exemplo, muitos costumam dizer que a comunicação não verbal é responsável por mais de 90% do que as pessoas aproveitam de qualquer interação humana. Outros afirmam que fazer tal generalização é impossível. A pesquisa na qual se baseia esta afirmação, na verdade, enfocou as interações com um forte elemento de emoções ou "sentimentos" para os envolvidos. Além disso, esta estimativa de mais de 90% incluiu a entonação vocal, que alguns não consideram ser uma parte oficial da definição de linguagem corporal.

O que pode ser acordado como a linguagem corporal:

Independentemente do fracasso dos especialistas em concordar com números exatos ou estatísticas sobre o tópico, podemos assumir com segurança que a linguagem corporal forma uma grande parte do que é expresso e interpretado nas comunicações interpessoais. Muitos especialistas e fontes de estudo parecem concordar que pelo menos metade e até 80% de todas as interações entre humanos não são verbais.

Assim, embora as estatísticas exatas da linguagem corporal possam diferir em situações diversas, as pessoas geralmente concordam que a comunicação não é apenas verbal, que a comunicação não dita é importante e crucial para a maneira como interagimos e nos entendemos como seres humanos. Isso é especialmente verdadeiro em conversas carregadas de emoção.

Sinais, pistas, deixas e intenções não verbais são especialmente importantes quando nos encontramos pela primeira vez com alguém. Nossas opiniões a respeito de uma nova pessoa são formadas nos primeiros segundos de interação e esse julgamento instintivo e fundamental é baseado muito mais no que sentimos e observamos sobre ela do que em quais palavras ela escolhe usar.

As primeiras impressões são realmente as que ficam?

Você pode se lembrar de situações em que teve uma opinião forte sobre alguém antes mesmo de ouvi-lo falar e isso não é incomum. Aqui são nossos instintos humanos em ação, construídos em milhares de anos de evolução. Como consequência dessa função, a linguagem corporal é extremamente influente na formação de nossas primeiras impressões de uma nova pessoa que estamos encontrando. O efeito se dá nos dois sentidos:

Quando nos defrontamos e travamos conhecimento com uma pessoa pela primeira vez, a linguagem de seu corpo desempenha um papel grande em nossa primeira impressão, nos níveis subconsciente e consciente. Muito dessa reação é instintiva e está além do controle de nossa mente consciente.

Da mesma forma, quando outra pessoa nos encontra inicialmente ela já está formando sua primeira impressão de como ela se sente em relação a nós, principalmente segundonossas sugestões não verbais e da linguagem do nosso corpo.

Mais razões para tornar-se consciente desta linguagem:
Esta troca mútua de sinais de linguagem corporal continuará durante todos os nossos relacionamentos e interações com outras pessoas. Isto demonstra a importância de nossa conscientização sobre o tema. Essa linguagem está sempre sendo trocada e negociada entre nós quer estejamos cientes disso ou não, muitas vezes ocorrendo em um nível abaixo do consciente.Tenha em mente que enquanto você está lendo e interpretando as pistas não verbalizadas por uma outra pessoa (consciente e inconscientemente), ela está fazendo o mesmo com você.

Os indivíduos com uma percepção mais consciente de leiturada linguagem não verbal geralmente têm uma vantagem maior sobre as pessoas que só percebem o que veem na superfície. A boa notícia é que você sempre pode melhorar nisso e transformar sua vida e relacionamentos.

Você mudará sua percepção dessa linguagem nãoverbal do plano subconsciente para oconsciente estudando e lendo sobre o assunto, para então praticar suas novas descobertas consigo e outras pessoas com que interagir.

Aqui estão algumas áreas específicas para começar a pensar e se concentrar:

Expressões faciais:

Esta área é essencial quando se trata de expressar sentimentos não verbais. Os movimentos das bochechas, lábios, sobrancelhas, olhos e até mesmo nariz combinam-se para formar e transmitir uma infinidade de expressões. Estudos revelam que expressões faciais e corporais andam de mãos dadas quando se trata de interpretar sentimentos.

Expressões faciais e corporais em experimentos:

Experimentos em psicologia comportamental provam que o

reconhecimento de expressões faciais pode ser influenciado fortemente pelo que percebemos como expressões do corpo. Isso significa que nossos cérebros processam as expressões corporais e faciais de outras pessoas ao mesmo tempo. Indivíduos testados sobre o assunto demonstraram julgamento precisona leitura de emoções com base nas expressões do rosto.

Isso pode ser explicado pelo fato de que o rosto e o corpo são tipicamente vistos juntos em ambientes naturais e que sinais de sentimentos vindos do corpo e da face são completamente integrados e normais.

Posturas corporais:

Podemos detectar as emoções das pessoas através da postura de seus corpos. Estudos comprovam que a postura corporal é reconhecida com maior precisão quando um sentimento pode ser comparado a outra emoção ou a um sentimento neutro.

Postura Irada vs. Medrosa:

Para dar um exemplo, um indivíduo sentindo raiva exibiria domínio sobre outra pessoa e sua postura apresentaria tendência ao confronto. Se você comparasse isso com alguém sentindo medo, ele normalmente pareceria submisso e fraco e sua postura exibiria tendência a evitar a ameaça, o oposto à postura anterior.

O que as posturas sentadas podem indicar:

Pessoas sentadas até o fundo da cadeira e inclinadas para a frente, balançando a cabeça em resposta à conversa, sugerem estar relaxadas, abertas e em posição de ouvir. O oposto disso, indivíduos que mantêm suas pernas ou braços cruzados, enquanto movem o pé ligeiramente, demonstram não estarem emocionalmente envolvidos na conversa e provavelmente sentem-se um pouco inquietos ou impacientes.

O que as posturas em pé podem indicar:
Em uma discussão que envolva pessoas em pé, um indivíduo ficar com os braços e os pés apontando para a pessoa com quem está falando sugere que ele está interessadoe atento ao orador.
Por outro lado, uma pequena diferença nessa postura pode sinalizar muito mais do que parece. Se esse mesmo indivíduo tiver uma das pernas cruzadas e colocar o equilíbrio de todo o corpo em apenas uma perna, isso pode estar transmitindo uma atitude de descontração.

Postura Expansiva e Aberta:
A postura não verbal ao mesmo tempo expansiva e aberta também pode desempenhar um papel nos níveis de cortisol e testosterona no organismo. Ambos têm efeitos significativos sobre o comportamento dos indivíduos.

Gestos Corporais:
Esta seção pode ser definida como movimentos feitos com partes do corpo, como a cabeça, dedos, pernas, braços e

mãos. Esses movimentos podem ser voluntários ou involuntários.

Gestos dos Braços:

Os gestos dos braços podem ser traduzidos de muitas maneiras diferentes. Durante uma discussão, pode-se sentar ou ficar de braços cruzados, o que geralmente denota um estado de espírito não muito acolhedor. Isso pode indicar que a mente da pessoa está fechada e ela não está muito disposta a ouvir outro ponto de vista.

Mais um gesto revelador, quando alguém cruza um dos braços sobre outro. Essa postura pode indicar um sentimento de inferioridade, insegurança ou falta de autoconfiança.

Gestos das Mãos:

Quando alguém usa muitos gestos com as mãos, sinaliza um bom estado de espírito. Se a pessoa que fala tiver as mãos em uma posição relaxada mostra autoconfiança e altos níveis de confiança nas demais. Mãos fechadas são indicadores de raiva ou estresse. Se ela está mexendo muito as mãos ou torcendo-as, sente-se ansiosa ou nervosa.

Gestos dos dedos:
Esses gestos são comumente usados como uma maneira de exemplificar a fala, além de denotar o estado de espírito do indivíduo. Em algumas sociedades, usar seu indicador para apontar é considerado inaceitável. Em outras culturas, apontar diretamente para alguém com o dedo indicador pode ser considerado um gesto agressivo.

A maioria de nós está familiarizada com o gesto do polegar apontando para cima com a mão fechada sinalizando algo bom. Todavia, em alguns paíseso gesto é visto como muito rude e ofensivo, o equivalente nos Estados Unidos a apontar para cima só o dedo médio.

O aperto de mão na comunicação:
Todos conhecemos os apertos de mão, os rituais usados para cumprimentar, encontrar, dar os parabéns aos outros e muito mais. Esses rituais podem ser um bom indicador do nível de confiança ou

emoção da pessoa de quem você está apertando a mão.

Tipos de aperto de mão:
Pesquisas mostram que existem vários estilos de aperto de mão, incluindo o de segurar-se os dedos, o "aperta os ossos" (quando alguém tem um aperto muito forte), o aperto molee tantos outros.

Diferenças nos significados do aperto de mão de cultura para cultura:
Em vários países, esta forma de saudação é apropriada e normal para mulheres e homens. Porém, na maioria dos países islâmicos, os homens não são autorizados a apertar as mãos ou até mesmo tocar as mulheres. Em algumas sociedades hindus, os homens não podem apertar a mão das mulheres, em vez disso, devem cumprimentar fazendo um gesto de oração.

Outros movimentos físicos na linguagem corporal:
Além dos métodos familiares para discernir a linguagem corporal descritos acima, há outras maneiras menos óbvias

de ler as pessoas à sua volta. Se você notar alguém cobrindo a boca, por exemplo, pode estar sentindo o desejo de suprimir sentimentos ou estar inseguro. Isso também pode sinalizar que o indivíduo está imerso em pensamentos e não tem certeza do que deve dizer em seguida na conversa.

O que você exterioriza através de seus sinais nãoverbais e da linguagem corporal afetará o modo como os outros o percebem, o quanto o respeitam e gostam de você como pessoa, e quanta confiança (se têm alguma em você) sentem. Muitas pessoas enviam constantemente sinais de linguagem corporal negativos ou confusos sem estarem cientes disso. Infelizmente para elas, tanto a confiança quanto a conexão podem sofrer como resultado do desconhecimento.

A linguagem corporal versa mais do que apenas sobre a forma como nos movemos:
Movimentos não verbais podem envolver bem mais do que apenas gestos, movimentos de braços ou movimentos

dos dedos. Esta área pode potencialmente abranger o seguinte:

Como nos mantemos: isso pode envolver qualquer coisa desde à postura até o modo como cruzamos ou não cruzamos os membros, quanto espaço ocupamos quando estamos sentados ou em pé.

Quão perto chegamos dos outros: o espaço que colocamos entre nossos próprios corpos e os de outras pessoas tem muito a ver com nossa linguagem corporal.

O movimento e o foco de nossos olhos: a maneira como focamos nossos olhos, com que frequência piscamos e onde olhamos enquanto falamos ou não falamos, desempenham um papel em nossa linguagem corporal geral e na comunicação não verbal.

A maneira como tocamos os outros e a nós mesmos: algumas pessoas sentem-se confortáveis tocando o braço da pessoa com quem estão falando ou tendem a esfregar o próprio braço enquanto falam. Tudo isso faz parte da linguagem não verbal.

Como seguramos ou nos relacionamos com os objetos:
o modo como mantemos nossos corpos em relação às coisas, tais como cigarros, óculos, canetas ou roupas, todos influenciam como nos comunicamos não verbalmente.

Nossa transpiração e batimentos cardíacos: outras ações físicas às vezes menos visíveis também cumprem um papel na linguagem de nossos corpos.

<u>**O que não é considerado uma parte da linguagem corporal?**</u>

Há algumas áreas consideradas separadas da linguagem corporal, como pausas na fala, volume e variações de frequência da voz. Muito do que pode acontecer nessas áreas seria perdido se pensássemos apenas na comunicação verbal e em definições típicas e limitadas de comunicação não verbal e linguagem corporal.

O tipo ou tom de voz usado nem sempre são sinais considerados como parte da linguagem corporal não verbal, porque são sonoros em vez de visuais ou físicos. Na mesma linha, os batimentos cardíacos e a respiração são frequentemente excluídos das definições oficiais de comunicação não verbal. De qualquer modo, desempenham um papel na linguagem corporal.

Por que você deve prestar atenção aos sinais sonoros:

A maneira como uma pessoa usa sua voz é uma parte altamente significativa e amiúde subconsciente do modo como ela se comunica, e pode dar uma boa visão de suas emoções e pensamentos subjacentes. O batimento cardíaco de uma pessoa e a maneira como ela respira são praticamente inaudíveis, mas provocam movimentos perceptíveis e também podem nos dizer muito sobre o que ela está realmente pensando e sentindo. Por essas razões, é inteligente considerar esses fatores no conjunto da comunicação não verbal e da linguagem corporal.

Como os olhos contribuem para a compreensão e a avaliação entre as pessoas:

Isso é bastante óbvio, mas os olhos são um aspecto importante da comunicação não verbal. A maneira como reagimos aos olhos de outras pessoas, por exemplo, sua expressão, foco e movimentos, e suas reações aos nossos, desempenham um papel enorme na maneira como nos avaliamos mutuamente. Também contribui enormemente para a nossa compreensão mútua, tanto em níveis conscientes como inconscientes.

Não usando a fala, muita emoção pode ser expressa em apenas um olhar. O evento familiar descrito em incontáveis obras de ficção, de duas pessoas trocando um olhar breve dos extremos de uma sala, não é apenas uma ideia romântica simpática, masestábaseada em ciência sólida envolvendo o poder de comunicação da linguagem corporal entre humanos.

A evolução da linguagem corporal e como usá-la:

Os efeitos listados acima e outros exemplos dados neste livro têm sido uma parte real do que significa ser humano por incontáveis séculos. Nosso corpo e as reações entre si estão se desenvolvendo há tanto tempo que atingiram um grau de habilidade para além do nosso alcance de compreensão.

Embora a maioria de nós possa tomar isso como certo ou ignorar seus fenômenos circundantes, todos podemos aprender muitíssimo sobre como reconhecer isso se apenas nos concentrarmos e tentarmos. Aqui estão algumas maneiras de se tornar maisconsciente dessa linguagem silenciosa:

Ao sentir interações ao invés de ouvir:

é fácil ser pego pelas palavras ao interagir com outras pessoas, mas muita sabedoria pode ser obtida aprendendo a se concentrar nos sinais além discurso. Isso envolve explorar as partes mais intuitivas de nossas mentes durante uma conversação.

Mantendo o sentimento em mente enquanto fala:
uma maneira de certificar-se de que seus verdadeiros pensamentos e emoções estão sendo expressos enquanto você interage é sentir e incorporar plenamente o pensamento ou sentimento que deseja transmitir. Esta é uma ótima maneira de se tornar um comunicador mais eficaz e assumir o controle de sua própria linguagem corporal.

Assistindo filmes com o volume desligado:
embora possa parecer estranho, essa é uma boa maneira de melhorar a leitura de emoções livre da distração verbal. Da próxima vez que estiver assistindo a um filme ou programa, tire o somda televisão e veja o quão acuradamente você pode adivinhar o que está sentindo a pessoa na tela. Você pode assistir novamente ao episódio ou ao filme com o volume ligado, para certificar-seda precisão de suas avaliações.

A maneira como interpretamos essa linguagem sem som, especialmente as expressões dos olhos e da face, está embutida em nós instintivamente e, com um pouco de percepção consciente, podemos nos tornar mais cientes dos sinais constantemente trocados entre nós. Isso inclui os sinais por nós transmitidos e os observados nos que estão ao nosso redor. Praticar esta forma de arte nos dará uma grande vantagem em muitos aspectos da vida, num nível pessoal e profissional.

Aprender sobre isso nos ajuda a compreender e desenvolver o autocontrole:

muitas pessoas têm dificuldade de autocontrole ou de serem compreendidas. Isso tem muito a ver com estar fora de contato com seus próprios sinais e com a maneira como são entendidos pelos outros. Quanto mais nos esforçarmos para compreender os significados não verbalizados e as ações dos outros, mais podemos aprender sobre essas mesmas coisas dentro de nós.

Uma vez que começarmos a entender melhor a comunicação não verbal, melhoraremos e aperfeiçoaremos o que nossos próprios corpos estão constantemente dizendo aos outros sobre nós. Essa mudança criará um momento pessoal positivo em nossa forma de agir, em comonos representamos, como nos sentimos dia a dia, e nas coisas que somos capazes de alcançar. Também nos ajuda a ter uma influência mais forte sobre outras pessoas.

Capítulo 3: Evolução e Natureza

A comunicação implícita é inegável como parte da evolução de nossa espécie, masmais uma questão se coloca: quais são as qualidades herdadas e quaisas desenvolvidas ao longo da vida? Nela estão agraciados muitos aspectos da existência e do comportamento humano.Assim, torna-se uma parte importante na descoberta do que significa para você a linguagem corporal.

A natureza vs. a educação na linguagem corporal:

Quais partes da linguagem nãoverbal vêm da genética e quais foramcondicionadas em nós? Talvez nunca saibamos com certeza e inúmeras opiniões diferem sobre o assunto. Este debate ocorre há muitos anos, segueaté os nossos dias e complementa-se, por um lado, com pesquisas científicas provando a natureza como responsável; por outro lado, comprovando serem os aspectos culturais os determinantes em nossa aquisição da linguagem corporal.

Essa questão torna-se ainda mais complicada quando consideramos a habilidade inata em humanos de aprender a executar e ler sinais nãoverbais. A melhor resposta que podemos encontrar para a questão é atribuir a responsabilidade tanto à natureza quanto à cultura. A linguagem corporal vem parcialmente e de maneiras específicas dos atributos de nascimento (natureza), mas também da maneira como somos ensinados e condicionados a ser (criação). Enquanto alguns estilos não verbais de comunicação são definitivamente herdados através de nossos genes e expressados da mesma forma por todos os indivíduos, outros aspectos dessa linguagem definitivamente não são herança genética.

O reconhecimento e o uso de expressões fundamentais específicas da face são considerados agora como padrão para todas as pessoas. Isso significa serem elas geneticamente decididas, consistentes e iguais para todas as pessoas, não importa onde nasçam ou morem. Entretanto, o reconhecimento e o uso de movimentos físicos menos óbvios e estabelecidos (como o piscar dos olhos ou movimentos das mãos) e o modo como as pessoas lidam com seu espaço pessoal são considerados condicionados.

Isso significa que a forma como as pessoas se envolvemnesses movimentos está mais implicado com suas influências ambientais do que com as tendências com as quais nascem. Essas expressões dependem fortemente da cultura e dos grupos da sociedade e diferem amplamente de lugar para lugar e de pessoa para pessoa.

Existem certas variações de fala junto a padrões de entonação de voz enquadrados nas categorias de aprendido e dependente do ambiente. Isso só se aplica, no entanto,ao considerar-se a linguagem corporal como tudo o que está fora dos métodos de comunicação verbal.

Como resultado dessas descobertas, podemos ter certeza de que a comunicação nãoverbal (o recebimento e envio subconsciente e consciente de movimentos da linguagem corporal, em particular) é parcialmente determinada geneticamente e parcialmente ensinada a nós. Portanto, participam neste processo tanto a natureza quanto a educação. Isso pode ser importante para qualquer pessoa que queira ter uma noção completa do que essa ciência realmente significa e como usá-la para melhorar suas vidas.

O lado mais confuso da comunicação não verbal:

As perspectivas evolutivas sobre o assunto da linguagem corporal são tão numerosas quanto intrigantes em relação ao propósito dessa linguagem e à forma como ela é usada. Alguns até exploram esse conhecimento, o que aumenta a necessidade de se tomar consciência dos sinais nãoverbais e do que eles significam.

Muitos humanos têm o hábito de mentir, fingir e manipular. Alguns até dizem ser da natureza das pessoas agir dessa maneira, embora algumas pessoas não façam isso com frequência. Por inúmeras razões, alguns indivíduos têm uma tendência a esconder frequentemente e intencionalmente os seus verdadeiros pensamentos e emoções. Nós nos acostumamos a esperar isso dos outros. Como resultado, fazemos o possível para imaginar o que a outra pessoa está pensando. Este desejo de entender verdadeiramente o que está por trás de nossas máscaras sociais intensifica-se na medida da importânciado relacionamento.

Mais benefíciosdessa função evolutiva:
A linguagem não verbal, não expressa na fala, tácita, pode nos ajudar a proteger e administrar esses impulsos, especialmente quando se trata de namorar ou flertar. Saber ler essa linguagem também pode ajudar as pessoas com sua comunicação e a corrigir problemas nos relacionamentos, quando a fala e as ações conscientes falhamnessa tarefa.

Esta linguagem de nossos corposdesenvolveu-se não obstante nossa inteligência e consciência. Ela pode ajudar a proteger-nos, conectar-nos a mentes semelhantes, e até mesmo tomar cuidado fundamental de nós. Isso acontece quer estejamos conscientes disso ou não, mas nos tornarmos mais conscientes (de nós mesmos e dos outros) é a melhor maneira de exercer este poder e chegaraos resultados que desejamos.

A linguagem corporal na História da humanidade:
A relevância da linguagem não falada na administração, nas relações pessoais e na comunicaçãoé enorme. Tornou-se uma corrente principal na ciência e no interessegeral nos últimos anos. A despeito do interesse generalizado nestefenômeno ser relativamente novo, temos nos apoiado por incontáveis séculos nestes sinais usando nossos instintos.

Podemos olhar para necessidades precoces de interpretação da linguagem corporal em jogadores de pôquer na América do Velho Oeste. Aqueles que venceram no jogo tinham que ser altamente habilidosos em lidar com um revólver de seis balas e também estarem conscientes de seus próprios sinais nãoverbais, e dos sinais das pessoas com quem jogavam. Até mesmo na história anterior, os líderes de tribos e exploradores precisavam ter conhecimento de como ler os sinais não ditos de inimigos em potencial, o que lhes dava a capacidade de saber em quem confiar e a quem atacar, ou dese defender. Estendendo-se a linha do tempo bem mais para trás encontramos nossos antepassados da era das cavernas, que definitivamente tiveram a necessidade de ler com precisão os sinais não emitidos pela fala, devido ao fato de que a linguagem falada ainda não existia, disso estamos cientes. Nossos antigos ancestrais também precisavam aprender a interpretar os movimentos e a linguagem não falada dos animais, e os animais tiveram que aprender a nos ler. Os humanos obviamente tinham a vantagem a esse respeito.

Cavaleiros, pastores e treinadores de animais têm sido altamente qualificados em ler a linguagem corporal dos animais até hoje. Saber ler sinais não verbais e linguagem corporal, incluindo pensamentos e sentimentos, está codificado em nossos genes. Se não tivéssemos essa habilidade inata, é duvidoso que nossa espécie tenha sobrevivido até os dias atuais.

Diferenças entre homens e mulheres na leitura da linguagem corporal:
Quando se trata de linguagem corporal, as mulheres têm a vantagem em perceber e interpretar. Isto pode ser devidoà razões evolutivas, uma vez que as mulheres tiveram que desenvolver fortes habilidades de leitura da linguagem corporal para compensar a vulnerabilidade física em relação aos homens. Isso estendia-se à proteção de seus próprios filhos, o que exigia alta percepção para a leitura de sinais de pessoas perigosas. As mulheres não são tão vulneráveis fisicamente no presente, mas sua capacidade de leitura da linguagem corporal ainda supera a dos homens. Isso implica numa maior eficácia feminina no usoda linguagem corporal para receber e enviar sinais.

As mulheres são em média mais sensíveis empaticamente do que os homens, isso tende a andar de mãos dadas com a capacidade de conscientização da linguagem corporal. Apesar de outras diferenças de gênero, homens e mulheres com altas habilidades empáticas são muito melhores em ler os sinais da linguagem corporal de outras pessoas.

Capítulo 4: Fatores que afetam a Interpretação

A comunicação não-verbal é interpretada até certo ponto em um nível instintivo por todos os humanos, mas esse aspecto é infinitamente complexo. Isso não surpreende quando se considera que o corpo médio pode produzir até setecentos mil movimentos invulgares. Uma vez que existe um potencial de confusão alto na leitura de sinais não verbais, aqui vão alguns ítens a considerar ao tentar interpretar a linguagem corporal de alguém:

O contexto da situação:
Essa linguagem pode ser grandemente afetada pelo contexto de uma situação. Pistas em um cenário podem significar algo completamente diferente em outro. Veja alguns exemplos:
Se alguém coça o nariz, presume-se que isso seja um sinal de mentira. Contudo, alguém pode ter uma coceira genuína.

Se alguém cruza os braços, geralmente supomos estar na defensiva, mas pode estar se aquecendo.

Se alguém esfrega os olhos, pode estar realmente aliviando alguma forma de irritação, em vez de chateado ou descrente.

Se você tem provas suficientes ou só indícios:

Um sinal isolado na linguagem corporal não é tão confiável quanto vários em conjunto. Grupos de sinais podem fornecer uma indicação muito mais clara de verdadeiros significados ou sentimentos do que apenas um par de sinais por conta própria. Ao tentar ler a linguagem corporal você deve:

Evitar analisar sinais isolados.

Procurar por vários sinais que, em combinação, dão suporte a uma conclusão genuína e confiável.

Evitar tirar conclusões de sinais que parecem misturados ou sinalizam coisas opostas.

Etnia e Cultura:
Alguns símbolos da linguagem corporal são os mesmos universalmente, tais como franzir a testa ou sorrir, mas outros são relevantes apenas para certos grupos étnicos ou culturas. Estar ciente das diferenças na linguagem corporal para diferentes culturas está se tornando ainda mais importante, pois nos dias atuais há uma grande mistura e maior heterogeneidade entre os povos.

Preferências de espaço pessoal (a quantidade de espaço entre as pessoasconfortável para ambas as partes) variam amplamente entre indivíduos de diferentes culturas.

Gênero e Idade desempenham um papel em como a Linguagem Corporal é Interpretada:
Muitos sinais para a linguagem corporal não falada são altamente relativos e diferem dependendo das características ou qualidades da pessoa. O gesto de uma pessoa em um cenário específico pode ter muito mais ou muito menos significado quando comparado a um movimento

semelhante usado por outra pessoa em outro cenário. Aqui estão alguns exemplos de como pessoas diferentes podem exibir diferentes sinais de linguagem corporal:

Homens mais jovens tendem a ser menos inibidos, possuem muita energia natural, e como resultado partilham gestos mais exagerados.

Mulheres mais velhas, em comparação, tendem a ter menos energia e usam gestos e posturas menos pronunciadas.

Desta forma, quando estiver tentando avaliar os sinais nãoverbais de alguém, particularmente à naturezado significado por trás deles, você deve ter em mente que essas coisas são muitas vezes relativas e dependem de quem você está observando.

Decepção ou pretensão:

Você, sem dúvida, deparar-se-á com pessoas que controlam seus movimentos artificialmente para criar uma impressão falsa com propósitos específicos. Alguns sinais que podem ser facilmente falsificados são:

Fazer contato visual diretamente.

Um aperto de mão firmemente confiante.
Esses sinais podem ser fingidos de modo razoavelmente fácil, mas usualmenteapenas por curtos períodos de tempo. Porém, pode-se ser consistente com a falsificação desses sinais. Embora você possa fingir esses sinais, é impossível um indivíduo suprimir ou controlarsempre seus sinais de linguagem corporal. Este, entre outros, é um bom fator a ser considerado ao analisar sinais solitários da linguagem corporal, além de procurar o maior número possível de sinais. Você pode procurar pelo seguinte se suspeitar de sinais falsos:

Pupilas contraídas.

Sobrancelhas levantadas.

Boca contorcendo-se.

Essesmicro gestospodem ser valiosos para discernir o motivo real oculto sob os sinais potencialmente falsos de alguém. Uma vez que esses movimentos são tão pequenos, difíceis de identificar e subconscientemente encenados, eles não podem ser controlados, o que os torna altamente úteis na observação dos outros.

Sinais de Insegurança, Nervosismo ou Tédio:

Algumas dicas nãoverbais sinalizam emoções negativas como insegurança, ansiedade, desinteresse ou tédio. Pode ser tentador ver esses sinais e tirar conclusões precipitadas de que uma pessoa tem uma fraqueza. Você deve, no entanto, considerar a situação antes de saltar para tal conclusão, especialmente se você estiver em um ambiente profissional.

Muitas vezes, é a situação particular em vez do indivíduo, que está fazendo com que os sinais apareçam. Aqui estão algumas amostras de situações que poderiam estar produzindo sinais negativos e emoções em pessoas que são de outra maneira confiantes e fortes:

Estresse não relacionado à situação em questão.

Muito aprendizado novo ou conhecimento ao mesmo tempo.

Exaustão ou cansaço geral.

Frio ou calor extremos.

Estar cansado ou com fome.

Deficiência ou doença.

Estar sob efeito de álcool ou drogas.
Mudança, uma nova situação ou falta de familiaridade.

Ao analisar os sinais de alguém, pergunte a si mesmo:
Quais condições poderiam estar tendo um papel na condição ou no humor da pessoa que estou observando?
Quais fatores poderiam estar afetando minha pressa em assumir coisas sobre a pessoa?
É muito importante não tirar conclusões precipitadas, especialmente aquelas que refletem negativamente na pessoa que está sendo observada, quando você está analisando a linguagem corporal de alguém.

Capítulo 5: Traduzindo Linguagem Corporal

Quando você está traduzindo os sinais não verbais de alguém em significados e sentimentos, tenha em mente que um sinal isolado não significa necessariamente algo em particular. Grupos de sinais são mais confiáveis para decifrar o estado interno de alguém. Este livro destina-se a fornecer orientação geral, em vez de uma maneira objetiva de julgar os outros. A linguagem corporal é apenas uma das muitas indicações diferentes de motivo, significado ou humor dos indivíduos.

Coisas a ter em mente sobre a leitura da linguagem corporal:
Esta é uma ciência nova e inexata deve ser lembrada ao empregá-la.
Nenhum sinal é suficiente para ser uma indicação confiável ou objetiva de um sentimento ou estado mental interno.
Entender verdadeiramente a comunicação não-verbal está relacionado a interpretar múltiplos sinais consistentes uns com os

outros, para indicar ou apoiar uma suposição ou crença específica.

Tradução para os Sinais Não Verbais:
Os Olhos:

Os olhos são um aspecto especial e possivelmente o mais revelador de todas as sugestões da linguagem corporal que recebemos e transmitimos a outras pessoas. Todos nós podemos ler os olhos de outras pessoas sem estarmos sempre cientes de por que ou como, e essa qualidade parece ser algo com que nascemos. Mesmo olhando para alguém de muito longe, somos capazes de perceber quando essa pessoa está fazendo contato visual conosco.

É fantástico o quanto somos capazes de sentir o olhar de alguém. Diferenciamos sem esforço entre um olhar vazio, um olhar focado, um olhar secreto ou um olhar desconfortável. Quer possamos ou não descrever esses olhares com palavras ou não, nós os reconhecemos instantaneamente e estamos cientes de seus significados. Em seguida, há as pálpebras a considerar, a flexibilidade dos nossos olhos para se fecharem ou ampliarem e a capacidade de nossas pupilas de se contraírem ou se expandirem. Ao pensar em todos esses fatores, talvez não seja tão surpreendente nos comunicarmos de forma tão eficaz usando apenas nossos olhos.

Olhos olhando para a direita:
quando os olhos de alguém estão olhando para a direita, isso indica que o cérebro está criando ou imaginando algo. Isso ocorre porque o controle neuronal do corpo, em geral, é invertido. Se alguém está olhando para a direita quando está transmitindo fatos, pode significar que está mentindo. Porém, isso não quer dizer necessariamente que esteja mentindo. Em vez disso, poderia sinalizar especulação, fala hipotética ou produção de um palpite.

Olhos voltados para a esquerda:

quando os olhos de alguém estão olhando para a esquerda, indicam rememoração e honestidade sobre o que se está dizendo. O reconhecimento de rostos está mais ligado ao lado direito do cérebro.

A boca:
A boca humana está envolvida em um grande número de sinais nãoverbais, o que pode não ser uma surpresa, já que tem muitas funções. A boca é responsável pela comunicação verbal, obviamente, mas

também pela alimentação dos bebês, que é psicologicamente conectada a nós mais tarde na vida por emoções de sexo, amor e percepção de segurança ou falta dela. A boca é uma parte importante da linguagem corporal porque:

A boca de uma pessoa pode ser escondida ou tocada pelos próprios dedos ou mãos e tem grande flexibilidade, tornando-a uma parte importante e expressiva do rosto. A boca desempenha um grande papel nas expressões do rosto. Também possui uma maior variedade de porções móveis do que algumas das outras partes do corpo, o que proporciona um maior potencial de variação para diferentes sinais.

As orelhas e o nariz na maior parte dos casos envolvem-se na linguagem corporal pelo uso dos dedos ou mãos, mas a boca de uma pessoa pode agir e ser observada por si mesma.

Uma grande parte da comunicação não verbal passa pelo sorriso. Se um sorriso é real, será simétrico e afetará os olhos também, mas se um sorriso é falso, envolve apenas a boca.

A Cabeça na Comunicação Não-verbal:

Nossas cabeças são uma parte significativa do corpo para a comunicação não verbal. Nossas cabeças tendem a determinar a direção de nossos corpos e levar nossos movimentos, mas esta área central também é vulnerável e vital, abrigando nosso cérebro. Isso significa que essa parte de nossos corpos é usada com muita frequência para mostrar aprovação ou desaprovação e também na linguagem corporal de autoproteção e defesa.

Sua cabeça, graças à estrutura altamente flexível do pescoço, pode se mover para cima, para baixo (erguer ou encolher a cabeça), para a frente, virar para os lados, recuar, inclinar-se para trás, para frente e para os lados. Cada um desses movimentos tem um significado que pode ser entendido quando pensado em conjunto com outros sinais da linguagem corporal. Aqui estão algumas outras razões pelas quais a cabeça é um aspecto importante da linguagem corporal e vale a pena prestar-lhe atenção:

Ela possui um rosto – testa, bochechas, nariz, orelhas, olhos, sobrancelhas, boca, e cabelos, dando-lhe um efeito mais complicado e altamente visível nos músculos. Mais do que qualquer outra parte do corpo humano.

Nossas cabeças estão sempre enviando mensagens, subconsciente e conscientemente, especialmente quando usadas em combinação com nossas mãos, tornando-as ocupadas e dinâmicas na comunicação não-verbal.

Nossos rostos, juntamente com as mãos, são os mais eficazes na transmissão de sinais de linguagem corporal.

<u>As Mãos:</u>

A linguagem corporal das nossas mãos é ampla e variada, porque são partes do corpo muito expressivas que frequentemente estão interagindo com nossas outras partes do corpo, formando sinais o tempo todo. Essas partes têm mais nervos conectando com o cérebro do que todas as outras. As mãos, muito flexíveis e expressivas, são usadas com muita frequência para comunicar gestos conscientes e intencionais. Também realizam uma grande quantidade de movimentos que sugerem pensamentos e sentimentos ocultos. Um ouvido ou um nariz por si só não podem fazer muito para sinalizar emoções, mas se você adicionar um dedo ou uma mão à mistura, as possibilidades aumentam e provavelmente sinalizam algum tipo de comunicação da linguagem corporal. Aqui seguem alguns usos das mãos característicos na linguagem corporal:

Para ilustrar: as mãos podem ser usadas para moldar coisas no ar, desenhar imagens, sugerir o tamanho de algo e fazer atividades mímicas, como uma ligação telefônica.

Ênfase: Os movimentos das mãos podem dar ênfase extra ao discurso usando movimentos de corte, aparafusar ou apontar.

Para encenar sinais: Alguns exemplos disso são os gestos de aprovação e negação, o símbolo de que está tudo bem, os sinais insultuosos. As relevantes linguagens de sinais dos surdos e mudos, e a comunicação dos mergulhadores.

Para cumprimentar ou afastar-se dos outros:

Muitos de nós acenam para dizer olá unsaos outros e de novo quando estamos partindo.

Movimentos Inconscientes: Além dos movimentos conscientes acima, mais pode ser inferido por sinais não conscientes exibidos com as mãos. Estes podem incluir, por exemplo, a forma como alguém interage com outras partes do corpo, cigarros ou canetas. Esses movimentos não expressos podem significar muitas coisas, desde expectativa, engano, dúvida, até um estado de espírito aberto.

Especialistas em linguagem corporal geralmente concordam com o fato de que as mãos são a parte mais expressiva usada na comunicação não-verbal, além da face. Muita informação pode ser obtida a partir do estudo dos movimentos das mãos de uma pessoa, especialmente quando observada em combinação com outros símbolos da linguagem corporal, como postura, expressões ou espaço pessoal.

Capítulo 6: Como a Meditação Ajuda com a Linguagem Corporal

A meditação os torna mais conscientes de tudo, incluindo seus próprios sinais não verbais e os sinais dos que estão ao seu redor. Além disso, a meditação é uma prática útil para muitas outras áreas da vida. O que a meditação faz é ajudá-lo a se tornar mais consciente de seus padrões mentais, ajudando-o a ver seus padrões de pensamento como separados. Isso significa que você fica menos propenso a se distrair com a turbulência de sua mente, o que aumentará sua percepção do modo como você está se expressando para as pessoas e também dos seus sinais ocultos e linguagem corporal.

A meditação irá ajudá-lo com a Linguagem Corporal:
Acalmando a sua mente e aproximando-o da sua própria voz interior e intuição, o que é útil na comunicação não verbal.
Ajudando você a ler as pistas daqueles com quem você interage. Os sinais tornar-

se-ão mais claros para sua mente, sendo menos confusos e ruidosos.

Aumentando sua confiança em si mesmo, tornando-o mais seguro de si e ciente dos sinais que você envia aos outros.

Aumentando sua confiança na interpretação dos sinais ocultos de comunicação da conversa com os outros.

Todos esses benefícios, e mais, ficarão disponíveis quando você estabelecer uma prática regular de meditação. Agora, vamos aprender algumas maneiras de começar a nos beneficiar dessa atividade maravilhosa e inestimável.

Tipos diferentes de meditação e como fazê-las:

Existem inúmeros tipos de meditação que você pode tentar e tipos diferentes de trabalho para pessoas diferentes. Aqui estão alguns exercícios de meditação que você pode testar para ver qual funciona melhor para você:

A Meditação sentado:

Talvez a forma mais conhecida e padrão, a meditação sentada envolve fechar os olhos e ficar parado por um determinado período de tempo. Você pode começar este exercício sentando-se em uma almofada de pernas cruzadas, em uma cadeira de costas retas com os pés no chão, ou ajoelhando-se. O que mais importa é que você encontre uma posição que seja confortável.

Agora você ficará quieto e tentará notar cada pensamento que cruza sua mente. O objetivo aqui não é parar de pensar, como muitos creem erroneamente, mas tornar-se consciente da tangente de pensamentos em sua cabeça que geralmente passa despercebida. Você pode começar definindo curtos períodos de tempo, tais como cinco minutos, e trabalhar até mais a cada sessão.

A Meditação Caminhando:

Para iniciantes esta pode ser uma escolha mais adequada. A meditação andando envolve caminhar na natureza e tentar atrair sua atenção para dentro de si, ouvindo seus pensamentos ou concentrando-se em sua respiração. Muitas pessoas acham isso mais fácil do que a meditação sentada, já que você está envolvido em uma atividade e fazendo seu corpo se mover.

Isso irá ajudá-lo com a linguagem corporal, porque você pode começar a se familiarizar com os movimentos do seu próprio corpo, com o modo como você se comporta e com outras idiossincrasias às quais você talvez nunca tenha prestado atenção antes.

A Meditação por Chamas de Vela:
Esta meditação envolve acender uma vela e olhar para ela por um determinado período de tempo. O fogo sempre cativou o espírito humano e é fácil ser absorvido por uma chama diante de seus olhos. Marque um tempo no seu relógio ou telefone e tente sentar-se e olhar para a chama, esvaziando sua mente de pensamentos. Você pode então começar a se concentrar em sua respiração para chegar a um estado calmo de ser e permitir que sua mente esvazie, até que você possa facilmente se tornar consciente de cada pensamento que passa por sua mente.

Cada uma dessas meditações recomendadas será mais eficaz se praticadas regularmente e complementados com lançamentos em um diário após cada sessão. A chave para nos tornarmos mais autoconscientes e, consequentemente, mais conscientes dos que nos rodeiam, é primeiro nos tornarmos conscientes de como são nossas mentes. Vivemos em constante distração, absorvidos em nossas mentes, todos os dias sem nos darmos conta. Para se tornar melhor em ler os outros e se comunicar de forma eficaz, devemos nos tornar mais conscientes, e a meditação é o primeiro passo.

Conclusão

Obrigado novamente por baixar este livro! Espero que este livro seja capaz de ajudá-lo a entender o quanto da comunicação humana não tem relação com palavras. Estamos nos comunicando constantemente, quer percebamos isso ou não, e nos tornarmos conscientes disso nos ajudará não apenas a entender melhor os outros, mas também a nos expressar de maneira mais eficaz. O próximo passo é usar as informações que você obteve neste livro para se tornar um melhor comunicador, tanto com as mensagens quanto com a interpretação.
Obrigado e boa sorte!

www.ingramcontent.com/pod-product-compliance
Lightning Source LLC
LaVergne TN
LVHW011949070526
838202LV00054B/4860